DIÁCONO PERMANENTE

IDENTIDADE, VOCAÇÃO E ESPIRITUALIDADE

HUMBERTO ROBSON DE CARVALHO
CAIO HENRIQUE ESPONTON

DIÁCONO PERMANENTE

IDENTIDADE, VOCAÇÃO E ESPIRITUALIDADE

EDITORA
SANTUÁRIO

Imagem da capa Cláudio Pastro - Santuário Nacional de Nossa Senhora Aparecida

Dados Internacionais de Catalogação na Publicação (CIP) de acordo com ISBD

C331d Carvalho, Humberto Robson de

Diácono Permanente: identidade, vocação e espiritualidade / Humberto Robson de Carvalho, Caio Henrique Esponton. - Aparecida : Editora Santuário, 2025.

112 p. ; 14cm x 21cm.

ISBN: 978-65-5527-488-2

1. Religião. 2. Cristianismo. 3. Diaconato. 4. Igreja Católica. 5. Concílio Vaticano II. I. Esponton, Caio Henrique. II. Título.

2025-706 CDD 240
CDU 24

Elaborado por Odilio Hilario Moreira Junior - CRB-8/9949

Índice para catálogo sistemático:

1. Religião : Cristianismo 240
2. Religião : Cristianismo 24

1ª impressão

Rua Pe. Claro Monteiro, 342 – 12570-045 – Aparecida-SP
Tel.: 12 3104-2000 – Televendas: 0800 - 0 16 00 04
www.editorasantuario.com.br
vendas@editorasantuario.com.br

AGRADECIMENTOS

Antonio Wardison C. Silva
Pe. Jair Marques de Araujo
Diácono Márcio José Ribeiro
Marlene Maria Silva

IN MEMORIAM

Alfredo Maria Carvalho
Anna Nilza Trombella Barros
Antônio Honório de Carvalho
Pe. Cézar Teixeira
Pe. Everaldo Sanches Ribeiro
Pe. Gaetano Tarquizio Bonomi
Pe. Geraldo Alves Pereira
Heloisa Helena Araújo Campos
Pe. Ivan Roberto Danhoni
Dom Joaquim Justino Carreira
Dom Joel Ivo Catapan
Pe. Marco Jacob Silva
Mercedes Spada
Pe. Nadir Sérgio Granzotto
Diácono Otto Luiz Martins Nunes
Dom Paulo Evaristo Arns
Pe. Reinaldo Emílio
Waldyr Antônio Barros

SUMÁRIO

APRESENTAÇÃO

A eclesiologia definida pelo Concílio Vaticano II proporcionou não só o restabelecimento do diaconato em sua forma permanente, mas conferiu-lhe uma nova orientação e um novo sentido, em consonância com conceitos eclesiológicos, por meio dos quais a Igreja se entende como corpo místico de Cristo, povo de Deus, toda ministerial e missionária, a serviço do Reino de Deus. Os autores da presente obra destacam como a Igreja recuperou e estabeleceu o ministério do diaconato no Concílio Vaticano II, relacionando esse ministério com a renovada autocompreensão da Igreja a respeito da identidade, vocação e espiritualidade do diácono permanente na comunidade paroquial, em que está inserido em seu trabalho pastoral.

Os capítulos do livro estão em sintonia com essa perspectiva eclesiológica, fazendo do estudo do ministério diaconal uma oportunidade de reflexão sobre como ser pedra viva na Igreja pós-conciliar, vivenciando o mandamento do serviço dado por Cristo na última ceia, quando lavou os pés dos discípulos e disse: "Eu, que sou o Mestre e o Senhor, lavei os seus pés; por isso vocês devem lavar os pés uns dos outros. Eu lhes dei um exemplo: vocês devem fazer a mesma coisa que eu fiz. Se vocês compreenderam isso, serão felizes se o puserem em prática" (Jo 13, 14-15.17). Todos os cristãos, discípulos de Jesus, são chamados ao serviço generoso; a ser dom para o mundo, para o Reino de Deus e para o próprio Senhor, na Igreja que serve ao mistério do Reino de Deus, continuando a missão do Senhor, que veio para servir e dar a vida em resgate de muitos (cf. Mt 20,28).

O diácono permanente traduz, em sua vocação específica, essa realidade do serviço de Cristo e da Igreja; assume como projeto de vida o serviço e está empenhado em comunicar e vivenciar a Palavra, servir a Caridade, levar a todos a esperança do anúncio de Cristo. Certamente, é um ato profético para toda a sociedade, sobretudo no contexto cultural em que vivemos, no qual "parece que tudo nos deve 'servir', como se tudo fosse finalizado ao indivíduo: a oração 'serve-me', a comunidade 'serve-me', a caridade 'serve-me'. Este é um dado da nossa cultura. O diácono é o dom que o Espírito nos dá para ver que o caminho justo vai ao contrário: na oração sirvo, na comunidade sirvo, com a solidariedade sirvo o Deus e o próximo" (Papa Francisco. Visita Pastoral a Milão, 25 de março de 2017).

Encontrar sentido, plenitude de vida e felicidade no ato de servir, de lavar os pés de uma humanidade sofrida e carente de "palavras de vida eterna" (cf. Jo 6,68) compreende o coração do diaconato ministerial, lugar onde pulsa o próprio coração de Jesus, manso e humilde, que diz: "Venham para mim todos vocês que estão cansados de carregar o peso de seu fardo, e eu lhes darei descanso" (Mt 11,28). A missão específica do diácono permanente é precisamente trabalhar e servir para que todos, na família, na Igreja e no mundo, possam fazer a experiência de descansar no amor de Cristo e nele encontrar vida e esperança.

O diaconato é mediação que possibilita, por meio das ações, palavras, gestos e presença, a revelação da caridade do Bom Pastor, que continua a atuar na Igreja e no mundo.

Trata-se de uma vocação que personifica a missão da Igreja toda, de especial grandeza e de grande exigência, da qual espera-se muitos frutos.

O objetivo deste livro é colaborar, por meio da reflexão construída em cada um dos doze elementos apresentados, com aqueles que, generosamente e com grande confiança na graça do Senhor, responderam "sim" e assumiram, na Igreja, essa vocação.

Deus continue a abençoar cada um dos diáconos permanentes de nossa Igreja e todos aqueles que se preparam para receber esse ministério. Que a sabedoria do Espírito alargue a compreensão de cada um que vive ou viverá esse ministério ordenado, a fim de que nele sejam realmente felizes, como diz o próprio Mestre e Senhor. Boa leitura!

Dom Sergio de Deus Borges
Bispo diocesano de Foz de Iguaçu

INTRODUÇÃO

O ministério diaconal está presente na Igreja desde os tempos apostólicos. O livro dos Atos dos Apóstolos cita a presença desses homens repletos do Espírito Santo e de sabedoria, escolhidos dentre os participantes da comunidade por sua boa reputação para o serviço das mesas, isto é, para se dedicarem ao cuidado dos pobres (cf. At 6,1-6). Em muitos outros lugares do Novo Testamento – como se poderá ver ao longo desta obra –, a presença de cristãos que assumem a diaconia, como espiritualidade e identidade, deu forma ao ministério diaconal, como se conhece atualmente.

Assimilados à diaconia de Cristo, muitos cristãos se dedicaram ao serviço das mesas da Palavra e da caridade, tornando-se ministros do amor e testemunhas do serviço de Cristo a toda a humanidade.[1]

Nos Atos dos Apóstolos, ao tratar do diaconato como ministério, Lucas deixa claro que os eleitos eram repletos do Espírito Santo e de sabedoria; possuíam uma vida aberta à ação de Deus. Atualmente, eles seriam referidos como homens de espiritualidade profunda, cuja ação pastoral permite entrever a presença do Espírito de Deus cultivado em seus corações e transformada em ação concreta no amor pelos irmãos. Se

[1] ORIOLO, E. Ser diácono. São Paulo: Paulus, 2018, p. 23-25.

se busca uma característica da espiritualidade diaconal, no primeiro relato deste ministério, encontra-se um elemento fundamental: o diácono é aquele em quem o Espírito de Deus faz morada. É neste sentido que existe uma espiritualidade do ministério diaconal que precisa ser vista, pensada e refletida.

Como em todos os ministérios, o diaconato supõe uma identidade, uma vocação e uma espiritualidade que se constroem a partir do seguimento a Jesus. Definir o que se entende por identidade, vocação e espiritualidade costuma ser complexo e limitado. Uma leitura e reflexão a respeito do assunto corroboram para sua melhor compreensão. No que se refere especificamente à espiritualidade, muitos tratados, definições e estudos foram construídos ao longo do tempo. O que existe de comum entre a maioria dos tratados e escritos sobre espiritualidade é a sua concepção como experiência de Deus.

A espiritualidade é uma determinada forma de experimentar e compreender Deus que se desenvolve de modo surpreendente na vida de cada ser humano. Alguns autores afirmam que a experiência de Deus envolve a pessoa em sua integralidade e se apresenta como uma irrupção da graça no cotidiano. A espiritualidade, portanto, comporta dois momentos: no primeiro momento, faz-se a experiência, o encontro radical com Deus em sua gratuidade autocomunicativa. O segundo momento ocorre à medida que a experiência é meditada, lida e compreendida gradualmente. Pode-se dizer que a espiritualidade é sistematizada de modo análogo ao fazer teológico: há uma experiência e uma reflexão em torno dela. São dois momentos indissociáveis.

A experiência espiritual e sua reflexão, porém, não seguem padrões. A vivência espiritual se insere na lógica do mistério de Deus. A espiritualidade é um fato e uma reflexão que se dão segundo a ação do Espírito de Deus que se move no ser humano e o interpela à comunhão amorosa com a divindade. Desta forma, não se pode falar de espiritualidade uniforme, mas de variadas experiências de Deus que se manifestam singularmente. Paulo chamará esta variedade de experiências espirituais de carismas: "Há diversidade de dons da graça, mas o Espírito é o mesmo, diversidade de ministérios, mas é o mesmo Senhor; diversos modos de ação, mas é o mesmo Deus que realiza tudo em todos. A cada um é dado o dom de manifestar o Espírito em vista do bem de todos" (1Cor 12,4-7).

Das muitas interpretações a respeito deste texto, importantes inclusive para a compreensão dos ministérios na Igreja, há algo que não pode passar despercebido: toda espiritualidade é manifestação da presença do Espírito e deve ser cultivada em vista do bem de todos. Aqui está o cerne da espiritualidade cristã. O seguimento de Jesus, nascido de uma experiência radical com Ele, não pode ser individualista, mas um seguimento que se desdobra em favor de todos os outros irmãos e irmãs. A vida espiritual, seja ela manifestação de Deus em nós, seja ela reflexão sobre uma experiência, é sempre uma vida que se baseia no encontro, na saída e na descentralização de si. A espiritualidade cristã, enquanto manifestação de Deus em nós, é sempre uma espiritualidade comunitária. Pode-se afirmar: "a espiritualidade é um estilo de vida. Ela está no modo de ser, viver, falar e agir".[2] É precisamente este aspecto que o diaconato expressa com maior vivacidade. O diácono não é eleito e ordenado para si, mas para os outros. O sentido do ministério e da espiritualidade diaconal está nos outros e não no próprio diácono.

---

[2] CARVALHO, H. R., ESPONTON, C. H. Espiritualidade do ministro extraordinário da sagrada comunhão. São Paulo: Paulus, 2023, p. 23.

É esse senso de alteridade, solidariedade e caridade que leva a comunidade primitiva a eleger alguns de seus membros para o ministério diaconal, colocando como única exigência que esses membros fossem pessoas de profunda espiritualidade, repletas do Espírito Santo e de sabedoria, para utilizar as palavras de Lucas. Dentre as muitas discussões que se travam entre os especialistas em história da Igreja e estudos do Novo Testamento sobre o desenvolvimento dos ministérios de organização na comunidade cristã, há um consenso sobre a presença do diaconato, compreendido como ministério da caridade, desde os tempos apostólicos. A antiguidade do ministério e suas profundas raízes na tradição cristã expressam sua importância para a Igreja. A perenidade do ministério da caridade exercido pelos diáconos deixa evidente, ainda hoje, a centralidade do amor caritativo e solidário na constituição da identidade cristã.

A identidade, a vocação e a espiritualidade diaconal estão alicerçadas no amor caritativo, no amor enquanto doação generosa e sem medidas aos irmãos e irmãs presentes na comunidade paroquial em que o diácono está inserido. O papa Bento XVI a esse respeito escreve em sua Encíclica *Deus Caritas Est*: "o amor do próximo, radicado no amor de Deus, é um dever, antes de mais nada, para cada um dos fiéis, mas o é também para a comunidade eclesial inteira, e isso em todos os seus níveis: desde a comunidade local, passando pela Igreja particular, até a Igreja universal na sua globalidade. A Igreja também, enquanto comunidade, deve praticar o amor".[3] A proposta de Bento XVI possibilita perceber que o amor, antes de ser uma ideia, é uma prática que se dá na relação mútua

[3] BENTO XVI. Carta Encíclica *Deus Caritas Est* sobre o amor cristão. São Paulo: Paulinas, 2021, n. 20.

com os irmãos. É dever de todos os que estão na Igreja amar aqueles que são próximos. É neste ponto que a identidade do ministério diaconal se expressa da maneira mais significativa. Pode-se afirmar que este amor ao próximo, que é dever de toda a Igreja, consiste em uma diaconia eclesial. É um serviço prestado por toda a Igreja aos inúmeros próximos esquecidos pelo mundo, mesmo muitas vezes diante de nós.

É a partir do amor como manifestação da caridade para com o próximo que o ministério diaconal encontra sentido. Mesmo que ressignificado ao longo da história, o ministério diaconal encontrou espaços de ampla atuação e consagrou-se como uma via segura de crescimento espiritual, eclesial e pastoral para cristãos que, dedicados ao serviço amoroso e despojado aos irmãos, buscam configurar-se ao Cristo. Pode-se afirmar que o diaconato é um caminho de conformação ao Cristo servidor. O diácono é aquele que no decorrer da história da Igreja assume a identidade, a vocação e a espiritualidade do Cristo servo de Deus e as concretiza na ação pastoral dedicada à comunidade eclesial e à realização da missão da Igreja no mundo, especialmente aos pobres, marginalizados e oprimidos.

No decorrer da história, porém, o ministério dos diáconos, especialmente no Ocidente, diluiu-se em outros ministérios ou foi absorvido pelo exercício sacerdotal do presbítero. Para além de julgamentos da história, essa obra permite uma reflexão a respeito do significado do diaconato frente a sua diluição e quase desparecimento, para melhor compreender como a redescoberta da identidade, da vocação e da espiritualidade do ministério diaconal pode ser frutuosa para a Igreja hoje.[4]

---

[4] GOEDERT, V. M. O diácono permanente: perspectivas teológico-pastorais. São Paulo: Paulus, 2020, p. 9-10.

Sabe-se que o ministério do diaconato ainda é incompreendido pela maioria dos fiéis. Uma parte do povo de Deus não vê claramente a diferença entre o diácono e o presbítero. Muitos ainda veem o diaconato como um passo rumo à ordenação presbiteral. O fato de se preservar na Igreja Latina a ideia de diácono transitório, corrobora para que esse ministério não seja evidentemente claro em sua relação com o presbiterato. Muitas pessoas veem o diácono permanente como alguém que, em algum momento, receberá permissão para assumir o presbiterato, ou então, um presbítero que não pode exercer completamente seu múnus sacerdotal. Essas incompreensões estão enraizadas em uma tradição antiga, que não discerne o exercício do diaconato do ministério presbiteral. Um olhar sobre esse processo é fundamental para encontrar a essência do diácono hoje.

Após séculos de quase extinção do ministério diaconal devido à nova compreensão de sacerdócio que se desenvolveu na Igreja do Ocidente – como se verá no decorrer deste livro – apenas com o Concílio Vaticano II, na Constituição *Lumen Gentium,* o diaconato volta a existir como um ministério portador de identidade, estabilidade e lugar na Igreja. O crescente número de diáconos na Igreja após o Concílio Vaticano II, cujo reestabelecimento do diaconato permanente constitui uma contribuição significativa à Igreja, impele a reflexão. Qual é a identidade diácono? Qual é sua vocação? Qual é sua espiritualidade? Qual é seu lugar na comunidade? Essas perguntas exigem da Igreja uma atenção dedicada a esse ministério, cuja presença significativa é de fundamental importância no crescimento das comunidades e na ação pastoral de muitas paróquias e dioceses. Os diáconos existem, atuam, vivem seu ministério. Contudo, é importante dedicar-lhes uma palavra que, a seu modo, contribua como alimento espiritual, teológico e pastoral para o exercício de seu ministério.[5]

Esta obra não visa ser um tratado teológico sobre o diaconato nem uma pesquisa histórica sobre ele. O que propomos é uma reflexão em torno da identidade, vocação e espiritualidade do diácono, que se concretiza na constituição de sua missão enquanto servidor. Os tópicos abordados lançam luz sobre o ministério do diaconato a partir de sua vivência pastoral e em vista de uma atuação mais consciente do ministério que cada diácono é chamado a exercer. Começando pelos fundamentos bíblicos do diaconato, passar-se-á à história do ministério diaconal e se buscará evidenciar os aspectos identitários do diaconato no Brasil e no mundo contemporâneo. Em seguida, será feita uma abordagem direta dos elementos de espiritualidade próprios da vida diaconal, apresentando, desta forma, um itinerário de reflexão teológica, pastoral e espiritual do ministério diaconal em vista de uma ação evangelizadora mais concreta e consciente de sua importância essencial na comunidade em que o diácono permanente exerce sua missão de servidor em conformidade com a espiritualidade tipicamente diocesana.

---

[5] GOEDERT, V. M. O diácono permanente: perspectivas teológico-pastorais. São Paulo: Paulus, 2020, p. 12-16.

1 FUNDAMENTOS BÍBLICOS DO MINISTÉRIO DIACONAL

A centralidade da Palavra de Deus na elaboração do pensamento e da ação eclesial foi recuperada pelo Concílio Vaticano II, que repensou de modo muito significativo o lugar dela na Igreja. A constituição conciliar *Dei Verbum* afirma o lugar da Palavra de Deus na Igreja a partir de uma compreensão mais profunda da revelação, ao afirmar: "em virtude desta Revelação, Deus invisível, no seu imenso amor, fala aos homens como a amigos e conversa com eles, para os convidar e admitir a participarem da sua comunhão".[1] O Concílio afirma que Deus dirige-se aos seres humanos por meio da Palavra. Deus fala, comunica-se, não se fecha em seu mistério. É essa Palavra pronunciada por Deus, ao longo da história, que compõe a Sagrada Escritura, atingindo seu ápice na pessoa de Jesus Cristo, como diz o Concílio: "Deus enviou seu Filho, isto é, o Verbo eterno, que ilumina todos os homens, para habitar entre os homens e explicar-lhes os segredos de Deus. Jesus Cristo, Verbo feito carne, enviado como 'homem aos homens',

[1] VATICANO II. Constituição Dogmática *Dei Verbum*. In: Documentos do Concílio Ecumênico Vaticano II. São Paulo. Paulus, 1997, p. 347-367, n. 2.

'fala', portanto, 'as palavras de Deus' e consuma a obra que o Pai lhe mandou realizar".[2]

A Palavra de Deus, revelada na Escritura e consumada em Jesus Cristo, quando lida e interpretada na Igreja, apresenta-se como a fonte indispensável para compreender o pensamento e a ação da Igreja. Uma reflexão adequada sobre o diaconato não pode prescindir de um olhar atento das Escrituras, nas quais se encontram as raízes desse ministério e a partir das quais ele tem sentido. Esse olhar para a Bíblia não deve ser um olhar fundamentalista. A Igreja Católica assume diversas formas de leitura e interpretação da Escritura, mas rejeita claramente uma leitura literal que toma a letra bíblica sem a interpretar. Isso precisa ser evidenciado no mundo contemporâneo, pois há um avanço de propostas de leituras bíblicas fundamentalistas, inclusive nos meios católicos, a partir das quais muitos textos bíblicos são retirados de seus devidos contextos e uma compreensão equivocada – normalmente ligadas a prescrições morais – é apresentada aos fiéis como verdades absolutas sem que se meçam as consequências.[3]

A Palavra de Deus, especialmente quando lida e interpretada por aqueles que compõem a hierarquia eclesiástica e lideram as comunidades, sempre deve ser uma Palavra de vida, de acolhida e de proximidade. Ela nunca é uma palavra de exclusão, segregação ou discriminação. Os diáconos, que devem alimentar a proximidade com a Palavra de Deus, precisam ter sempre presente que essa palavra é viva e eficaz, cuja função é edificar e não dividir. Ir à Palavra de Deus é sempre uma busca do sentido espiritual que dela emana, nunca uma tentativa de fazê-la justificar posturas pessoais ou ideológicas.

---

[2] Ibid. n. 4.

[3] PONTIFÍCIA COMISSÃO BÍBLICA. A interpretação da Bíblia na Igreja. São Paulo: Paulinas, 2017, p. 82-86.

A Palavra de Deus é raiz, ela confere vitalidade e sustentação ao pensamento cristão, uma vez que é o critério para discernir a veracidade e a utilidade de determinada atitude ou função eclesial. Por isso é a partir da Palavra de Deus que o ministério diaconal deve ser compreendido em primeiro lugar.

Tomando os textos bíblicos que falam sobre o diaconato, o Novo Testamento é o lugar fundamental em que esse vocábulo aparece. Escrito em grego no século I e II, o texto sagrado oferece bases para a formação e a significação desse ministério eclesial. Os três termos gregos: *diakoneo, diakonia e diakonos* formam a raiz da palavra diácono. Todos eles remetem a uma ideia comum, o serviço (diaconar, diaconia e diácono). O grego do Novo Testamento emprega com frequência essas três expressões para significar serviço, auxílio, ministério.[4]

O emprego do vocábulo diácono é uma constante no Novo Testamento. Entretanto ele não significava aquilo que significa hoje. Para compreendê-lo, é preciso olhar com atenção para o contexto histórico das primeiras comunidades cristãs. Naquele período inicial, os ministérios não haviam sido formulados com clareza. A tríplice organização – bispo, presbítero e diácono – não era comum nem uniforme na maioria das comunidades. Dado que as primeiras comunidades eram pequenas e, muitas vezes, domésticas, a liderança do culto era prerrogativa do ancião ou do chefe da família. Comunidades maiores eram lideradas por pessoas carismáticas que se despontavam com certo espírito de liderança. Os autores do Novo Testamento e suas comunidades compreendiam que a liderança devia ser exercida sob a lógica do serviço, por isso o emprego do termo *diakonia.* Aqueles que lideravam as comunidades eram

---

[4] TUGGY, A. E. Lexico Griego-Español del Nuevo Testamento. Editorial mundo Hispano. El Paso (ARG.), 1996, p. 224.

conhecidos como diáconos. Paulo, mesmo sendo apóstolo, denomina sua atividade como *diakonia*, serviço.[5]

O episódio mais explícito a respeito do ministério diaconal no Novo Testamento se dá em Atos dos Apóstolos, no capítulo 6. Nessa narrativa, Lucas discorre sobre a eleição de sete homens, repletos do Espírito Santo e de sabedoria, para o auxílio do ministério apostólico, especialmente no serviço caritativo às viúvas de origem helênica. Entretanto o ministério dos sete diáconos não se restringe ao auxílio caritativo. Eles se tornam evangelizadores. Os sete diáconos (de Atos 6) são elementos fundamentais para a expansão da Igreja além dos limites de Jerusalém e seus arredores imediatos. São os sete diáconos que, servindo à caridade, também se dedicam à pregação, ao batismo e à formação de novas comunidades. Percebe-se que o ministério diaconal não é estático, mas possuidor, intrinsecamente, de uma dinâmica evangelizadora baseada no serviço à mesa (caridade) e no serviço à Palavra (anúncio). São os sete diáconos que levam a Igreja para fora dos limites do judaísmo e possibilitam o encontro do cristianismo com outras culturas. São eles que percorrem terras ainda não atingidas pela atividade apostólica original.[6]

Concomitantemente a essa atividade missionária, ainda nos tempos do Novo Testamento, uma nova face do ministério diaconal emerge na Igreja: o diácono vinculado a uma comunidade ou como representante de um apóstolo, enviado para exortar, pregar, administrar ou transmitir uma mensagem. Nas cartas paulinas, pode-se entrever as raízes do ministério diaconal como um serviço que se desenvolve em conjunto com as

---

5 TABORDA, F. A Igreja e seus ministros: uma teologia do ministério ordenado. São Paulo: Paulus, 2011, p. 92-96.

6 ROCHA, L. Ministério Diaconal: história e teologia. São Paulo: Paulus, 2020, p. 21-32.

lideranças apostólicas das comunidades. Apesar da variedade organizacional das comunidades paulinas, cada comunidade se organizava a sua maneira e segundo suas necessidades, sendo o ministério diaconal atestado em muitas delas, sem, contudo, diferenciar-se especificamente do ministério apostólico ou do serviço comunitário, em geral.[7] O ministério diaconal no Novo Testamento se desdobra a partir de uma atividade evangelizadora que se dá em conjunto, comunitariamente. Não há muita clareza das divisões ministeriais no século I, época em que os textos foram escritos. Sabe-se que existe uma ordenação dos ministérios comunitários, porém bastante diversa da conhecida atualmente. Os diáconos encontram-se inseridos na estrutura das comunidades.

É importante salientar que o essencial do ministério diaconal não está na constatação de suas funções no Novo Testamento, mas na espiritualidade que o anima e confere identidade e vocação. Em todos os relatos que apresentam o ministério do diácono, sempre se enfatiza a ideia de servidor. O próprio termo empregado pelo Novo Testamento remete à concepção do serviço. Para as primeiras comunidades e para a Sagrada Escritura, a concepção de diaconia, serviço, é fundamental para compreender a atuação de Jesus como diácono do Pai. Há nos Evangelhos uma clareza da dicotomia estabelecida por Jesus a respeito do exercício do poder. Jesus sempre coloca em evidência o poder como serviço em detrimento do poder como dominação. Para Jesus, o verdadeiro poder é o serviço amoroso em relação aos irmãos, algo que deve constituir a identidade do discipulado. Não foram raras as repreensões de Jesus aos discípulos que almejavam grandes cargos ou expressões públicas, o que torna claro que,

---

7 Ibid. p. 45-53.

para Jesus, o poder não é exercício de uma força violenta sobre algo ou alguém, mas é o exercício do amor que se concretiza em ações de cura, perdão, acolhida e libertação.[8]

É essa compreensão de serviço, mostrada de modo muito expressivo nos Evangelhos, como atuação do próprio Cristo, que o ministério diaconal assume na Bíblia. Os diáconos, independentemente de como eram compreendidos nos primeiros séculos, possuem em comum a designação de servidores. Esse serviço, dedicado aos outros, manifesta-se de formas diversas que se inspiram na própria atividade de Jesus. Na ação caritativa e na pregação da Palavra, os diáconos, assim como o próprio Cristo, prestam um serviço à humanidade. Cristo vê-se constantemente como servidor do Pai. Os ministros da Igreja, especialmente os diáconos, buscam se conformar a Cristo e, consequentemente, devem se acostumar a cultivar uma identidade fundamentada no serviço. É a diaconia de Cristo que serve de modelo para os demais ministérios eclesiais. Por isso a compreensão do ministério, a partir das Sagradas Escrituras, é elementar para a construção de uma consciência cada vez mais clara de que a Igreja, toda ela ministerial, é também servidora.

Faz-se necessário refletir sobre a relação – muitas vezes esquecida – entre cristologia e eclesiologia. A Igreja nunca pode ser compreendida como uma grandeza em si mesma. Ela existe em função do Reino de Deus, uma grandeza que lhe transcende. Há uma tentação no mundo atual de se criar uma eclesiologia centrada em si mesma, fechada sobre suas próprias estruturas, abafadas pelas próprias preocupações. A Igreja nasce da missão de Cristo e é sua perpetuação no mun-

---

8 TABORDA, F. A Igreja e seus ministros: uma teologia do ministério ordenado. São Paulo: Paulus, 2011, p. 32-39.

do. Os teólogos do Concílio Vaticano II pensaram muito bem sobre a relação entre a Igreja e Cristo. Ele se faz sempre servo, pobre, missionário, servidor. É ele que modela o ser e o agir da Igreja. A Igreja, compreendida como comunidade dos seguidores de Cristo, deve se espelhar unicamente em seu mestre. Se ele se fez servidor da humanidade, é porque a Igreja deve ser servidora da humanidade. Se Cristo se fez pobre, é porque a Igreja deve ser pobre. É nessa perspectiva de seguimento que o diaconato, enquanto ministério eclesial, encontra na Escritura sua identidade. Para além das constatações históricas do ministério na Sagrada Escritura, a identidade servidora de Cristo deve ser a característica do ministério diaconal.[9]

Nas Sagradas Escrituras não se encontram funções litúrgicas relacionadas ao diaconato, mas funções caritativas, solidárias, missionárias e evangelizadoras. O diácono não é ordenado para a liturgia, mas para a Igreja em sua ação caritativa. O diácono, caso queira ser fiel a sua identidade, vocação e espiritualidade bíblicas e primitiva, deve dedicar-se à ação social, ao cuidado conjunto dos pobres e marginalizados. A mesa litúrgica só tem sentido ao diácono a partir de sua inserção no cuidado com os pobres. O anúncio do Evangelho na liturgia é a expressão de um testemunho do evangelho vivido no cuidado solidário com os menores da sociedade. Os diáconos referidos no Novo Testamento são sempre servos da comunidade, colocados a serviço de uma necessidade material, caritativa, solidária. Eles são enviados para cuidar, admoestar e colaborar. O sentido bíblico do ministério diaconal é essa ligação entre a vida da Igreja e o Cristo servidor.

---

9 CONGAR, Y. Igreja serva e pobre. Lisboa (PT): Tipografia Leandro Lda, 1964, p. 19-26.

Portanto, refazendo os passos do Concílio Vaticano II e assumindo como ponto central de toda a reflexão teológica e pastoral a Palavra de Deus, encontramos as raízes do ministério diaconal no serviço prestado por Jesus. É de Jesus que nascem todos os ministérios da Igreja, inclusive do diaconato. Todos os ministérios, especialmente o diaconato, devem se inspirar em Jesus e encontrar nele seu centro. A leitura diária e meditada da Palavra de Deus torna perceptível que a atuação de Jesus é uma diaconia, um grande serviço aos irmãos e às irmãs. Nesse sentido, as raízes bíblicas do diaconato não devem ser procuradas na tentativa de justificar a organização atual da Igreja com os escritos neotestamentários, mas em redescobrir em Jesus a espiritualidade do serviço, da entrega e da doação total. O Novo Testamento não se preocupa em descrever historicamente a vida comunitária dos primeiros séculos, mas em afirmar a ligação íntima de cada cristão com Jesus e a tentativa das comunidades de viverem aquilo que Jesus viveu. O Novo Testamento, ao falar da diaconia, fala de um agir que expressa Cristo no serviço aos demais, tal como os diáconos devem se empenhar em testemunhá-lo. A identidade, a vocação e a espiritualidade tipicamente diaconais são aquelas que, à luz da Palavra de Deus, fazem do diácono um servo dos servos aos irmãos e às irmãs na comunidade paroquial em que exerce seu ministério diaconal, a serviço da vida e da esperança do povo de Deus, no contexto da diocesaneidade e da sinodalidade.

2 VISÃO DO MINISTÉRIO DIACONAL NA HISTÓRIA DA IGREJA

A história da Igreja é rica como fonte de estudo e, também, de crescimento espiritual. Olhar para o passado não significa somente reconstituir fatos. É preciso compreender e ressignificar aqueles elementos perenes que perpassam os séculos de história cristã e favorecem uma nova postura frente à proposta de Jesus. A riqueza dos mais de vinte séculos de cristianismo apresenta-se como um caminho seguro, por meio do qual se pode chegar às bases sólidas da fé, aos exemplos mais radicais de seguimento a Cristo e ao encontro com ele. Revisitar a história da Igreja é um convite a cada cristão para olhar o caminho percorrido de forma muito significativa por milhares de homens e mulheres, que confiaram sua vida a Cristo e buscaram conformar-se a Ele, dando o testemunho da fé, particularmente no ministério do diaconato.

É preciso, então, investigarmos como o diaconato se formou ao longo dos séculos e como cada época conferiu a esse ministério um sentido diferente. Para isso, é necessário partirmos de um pressuposto fundamental: a história da Igreja não é uma história linear, mas complexa, diversificada e heterogênea. Nesse sentido, ao visitarmos cronologicamente o caminho cristão, percebemos que há muito mais a ser descoberto do que constatações fechadas. O cristianismo não é uma instituição monolítica, mas um organismo vivo que cresce, expande-se, adoece e se regenera. É essa vitalidade histórica da Igreja que a torna objeto de estudo de tantos especialistas e que confere aos cristãos a possibilidade de se repensar e reorganizar.

Os primeiros séculos da Igreja são marcados pela presença de comunidades dispersas ao redor do Mediterrâneo. Essas comunidades possuem costumes, línguas, liturgias, textos e teologias diferentes. Nem sempre elas têm ligação entre si e conhecimento uma das outras. Pensa-se no cristianismo do primeiro século como um conjunto de comunidades autônomas e pregadores itinerantes que anunciavam o Evangelho às camadas mais subalternas da sociedade imperial romana. Homens e mulheres de culturas diferentes adotam o cristianismo e promovem uma fusão cultural significativa. O núcleo de Jesus e seus apóstolos, figurado na comunidade de Jerusalém, não representa a única face do cristianismo. A religião cristã emerge com muito mais expressividade em terras não judaicas, especialmente entre gentios, prosélitos, judeus helenistas. As discussões entre as primeiras comunidades, especialmente Antioquia e Jerusalém, expressam as dificuldades em relação à inculturação. Há uma tentativa de formar a identidade do grupo, mas a diversidade cultural, religiosa e linguística que o compõe não permite à Igreja primitiva assumir um único tipo de organização.[1]

É nesse contexto cultural do I século da Era Cristã que o ministério do diácono aparece, imerso em inúmeras indefinições. Os diáconos são a denominação comum para

---

[1] NOGUEIRA, P. Breve história das Origens do Cristianismo. Aparecida: Editora Santuário, 2020, p. 64ss.

os colaboradores das comunidades. Homens e mulheres que lideravam as comunidades eram referidos com a terminologia diáconos. No século I é impossível falar do diaconato como um ministério organizado, uma vez que as comunidades não estavam ainda organizadas. Havia muitos modelos de liderança, a maioria deles carismáticos. Paulo e seus colaboradores atestam que cada comunidade tinha liberdade para se organizar. Fala-se do ministério dos doutores, profetas, colaboradores, diáconos e, tardiamente, dos bispos. Esses ministérios não podem ser compreendidos da mesma forma como compreendemos hoje. Eram homens e mulheres, casados ou solteiros, judeus ou de origem grega, que assumiam a liderança das comunidades. Foram esses homens e essas mulheres que contribuíram para a formação do cristianismo e da própria compreensão de Jesus, que, atualmente, se tem. São eles o elo entre a atividade de Jesus e seus apóstolos e a fé cristã.[2]

É por volta do século II e III que a comunidade cristã ganha contornos mais claros quanto a sua organização. Nesse período, alguns escritos de Inácio de Antioquia atestam a presença de uma organização tripartite na comunidade. Inácio fala da existência de bispos, diáconos e presbíteros. Suas cartas colocam em evidência a influência crescente dos bispos na Igreja durante o século II. Em relação ao ministério dos diáconos e presbíteros, ainda não existe suficiente clareza sobre suas funções e sua relação. Em muitos lugares, a figura dos diáconos e presbíteros se confunde. Eles assumem o lugar de outros ministérios que existiam na comunidade, como os profetas, doutores e, especialmente, os pregadores itinerantes.

2 TABORDA, F. A Igreja e seus ministros: uma teologia do ministério ordenado. São Paulo: Paulus, 2011, p. 77-91.

No século III já existem documentos mais claros a respeito do diaconato. Ele é pensado como um ministério eclesial para o auxílio do bispo. As primeiras tradições litúrgicas registradas, que falam da existência do ministério do diaconato, datam do final do século III e início do IV. Esses documentos relatam a existência de um auxiliar do bispo nas celebrações e na administração dos bens.[3]

Os séculos IV e V são de mudanças muito significativas. Os ministérios já estão mais claramente delineados. Os diáconos e os presbíteros são auxiliares do bispo. Cada um exerce sua função em relação ao bispo. A função do presbítero ainda não é muito clara, porque a presidência da eucaristia era exercida pelo bispo. Com a expansão da Igreja para áreas rurais e cidades populosas, alguns homens presidiam a eucaristia em nome do bispo. Em relação aos diáconos, nesse período, eram dedicados à administração dos bens eclesiásticos e a alguns serviços diplomáticos.[4] Nas celebrações litúrgicas, os diáconos auxiliavam de diversos modos, especialmente no Oriente, onde os ritos se desenvolveram de forma mais complexa, o que exigia, por exemplo, a existência de diaconisas para auxiliar na unção batismal, algo que no Ocidente caiu em desuso, dado que o modo de administrar o batismo foi alterado.[5]

A mudança em relação ao diaconato e seu declínio se acentuam a partir do início da Idade Média. Até o século VIII existiam diáconos exercendo seu ministério como administradores e diplomatas dos bispos. Muitos bispos e papas foram eleitos enquanto diáconos. Isso é uma evidência importante a respeito da compreensão do ministério diaconal como um ministério

---

[3] ROCHA, L. Ministério Diaconal: história e teologia. São Paulo: Paulus, 2020, p. 45-74.

[4] Ibid. p. 77-97.

[5] Ibid. p. 101-126.

independente. Não era um grau transitório necessário para ascensão a outros graus do sacramento da ordem. Os diáconos possuíam identidade e lugar próprios. Muitos homens importantes na história da Igreja foram eleitos e sagrados bispos sendo diáconos. Entre os séculos II e IX, 33 diáconos romanos tornaram-se papas. Entre outros, podemos citar: São Eleutério (174-189), São Sixto II (257-258), São Símaco (498-514), São Agapito I (535-536), João IV (640-642), São Paulo I (7570767) e São Nicolau I (858-867). Porém o crescimento da Igreja exigia que a celebração da Eucaristia ocorresse cada vez mais longe das catedrais e, consequentemente, os presbíteros assumiram um lugar de destaque na Igreja. Eram eles que, em nome do bispo, presidiam a Eucaristia. Por conseguinte, muitas comunidades, lideradas por diáconos, propuseram que seus diáconos fossem ordenados presbíteros e, dessa forma, o ministério diaconal, de liderança, é absorvido pelo exercício do presbítero. [6]

O processo longo que se inicia no final da Antiguidade e se consolida ao longo da Idade Média, marca o declínio do ministério diaconal e faz com que ele termine como uma etapa formativa no itinerário da preparação para a ordenação presbiteral. Isso se deve ao fato de que, ao longo da Idade Média, cresce uma nova compreensão dos ministérios eclesiais, que se baseia na ideia do ministro como sacerdote. Há uma individualização gradual do ministério, na qual uma ruptura entre ministro e comunidade se acentua. O ministro ordenado já não o é em função de uma comunidade que lhe pede a ordenação, mas em resposta a um chamado pessoal de Deus para determinado exercício.[7] A missa, quase que uma celebração

---

6 ROCHA, L. Ministério diaconal: história e teologia. São Paulo: Paulus, 2020, p. 87-92.

7 TABORDA, F. A Igreja e seus ministros: uma teologia do ministério ordenado. São Paulo: Paulus, 2011, p. 112-119.

privada, perde sua ligação com a comunidade e, consequentemente, pode ser realizada sem o auxílio de alguém. A função do diácono na liturgia desaparece, pois o padre pode realizar os ritos solitariamente. Na liturgia pontifical, porém, ainda se mantém a presença do diácono, com funções muito reduzidas e, muitas vezes, exercidas por ministros que não pertencem à ordem dos diáconos, mas utilizam as vestes e exercem a função litúrgica diaconal.[8]

Apenas no século XX, com o Concílio Vaticano II, que o ministério do diácono irá recuperar seu lugar na Igreja. A constituição *Lumen Gentium* reestabelece o ministério diaconal na Igreja, afirmando que ele se constitui como um grau próprio e permanente na hierarquia eclesiástica, podendo ser concedido a homens casados ou jovens idôneos que não estão em preparação para a ordenação presbiteral. Com a reconfiguração dos ministérios, feita pelo papa São Paulo VI, em 1972, por meio do *Motu Próprio Ministeria Quaedam*, o diaconato assume seu lugar como entrada ao estado clerical, e as funções, antes desempenhadas por várias ordens menores, deixam de existir no rito latino. Dessa forma, após o declínio do diaconato e sua absorção pelos demais ministros, o Concílio Vaticano II e São Paulo VI se dedicam a recolocar esse ministério no centro da vida da Igreja, como na tradição primitiva, a fim de que os diáconos sejam colaboradores eficazes na evangelização.[9]

---

[8] Um amplo e diversificado estudo, cujo detalhamento desse processo de individualização da celebração da Missa e absorção dos ministérios pelo presbítero encontra-se em: JUGMANN, J. A. Missarum Sollemnia. São Paulo: Paulus, 2008.

[9] ROCHA, L. Ministério Diaconal: história e teologia. São Paulo: Paulus, 2020, p. 129-137.

3 O DIACONATO PERMANENTE NO CONCÍLIO VATICANO II

A longa história do ministério diaconal na Igreja permite perceber que cada época interpretou e vivenciou o ministério diaconal a partir de uma perspectiva. A evolução dos ministérios e sua compreensão na Igreja são expressões da vitalidade orgânica do cristianismo que não se restringe a repetir sempre as mesmas coisas, mas procurar reler e modelar os fatos de acordo com suas necessidades. Nesse sentido, os ministérios não devem ser compreendidos como uma instituição fixista, monolítica e, consequentemente, absoluta. Sua perenidade e importância se baseiam no fato de suas raízes estarem plantadas no próprio Cristo e na missão apostólica por ele incentivada. Porém as configurações que esses ministérios sofreram ao longo do tempo demonstram também seu constante estado de ruptura com modelos rigidamente propostos. O ministério, por ser obra do Espírito de Cristo, é vivo e está sempre propenso à mudança. Vale aquilo que São Paulo VI afirma na *Ministeria Quaedam*: aquilo que é essencial permanece, o que é útil pode ser adaptado e o que não corresponde à tradição autêntica ou às necessidades atuais, pode ser modificado (cf. MQ n. 3).

É essa compreensão da tradição eclesial mais orgânica que deve permear a mentalidade da Igreja enquanto comunidade de peregrinos. Há uma tendência arraigada em muitos corações cristãos de um ferrenho apego à tradição, não mais tomada como autocompreensão gradual da Igreja em relação a si e ao *Depositum Fidei*, mas apenas a um modelo eclesiológico, litúrgico e pastoral situado em um determinado período da história, séculos XVI-XIX, baseado nas problemáticas e soluções propostas pelo Concílio Tridentino. É preciso sempre ter diante dos olhos que a tradição da Igreja não corresponde a um único período da história que se afirma insubstituível. Cada época traz consigo suas próprias preocupações,propostas, interpelações à Igreja. Diáconos, padres e bispos não são ordenados para responder às questões do século XVI nem viver uma pastoral aos moldes do Tridentino. A Igreja está situada no tempo, é histórica, pertence ao mundo e precisa se articular com ele. Assim, é relevante salientar a validade e a importância incontornável das considerações do Concílio Vaticano II para pensar quaisquer assuntos eclesiais atualmente. A Igreja hoje é pós-conciliar e precisa ser pensada a partir daquilo que os padres do Concílio, assistidos pelo Espírito Santo, propuseram para o cristianismo dos séculos XX e XXI.

O Concílio Vaticano II marcou a história contemporânea da Igreja, é reconhecível que sua agenda ainda não está totalmente implementada. Várias circunstâncias impediram que a agenda conciliar chegasse a seu termo em todo o mundo.[1] É preciso admitir que o Concílio Vaticano II desencadeou mudanças significativas na Igreja, especialmente no que tange a sua autocompreensão. A respeito dessa revisão autocrítica e

---

[1] LIBANIO, J. B. Concílio Vaticano II: em busca de uma primeira compreensão. São Paulo: Loyola, 2005, p. 179-213.

autocompreensiva da Igreja, o documento norteador emanado do Concílio é a Constituição Dogmática *Lumen Gentium*. Não se pode pensar a eclesiologia sem antes ter um olhar atento destinado a essa constituição, especialmente no que toca a sua abertura, em que se afirma a relação intrínseca entre Cristo e a Igreja (cf. LG 1). No que se refere propriamente ao diaconato permanente, "inicia-se uma estação nova, caracterizada por um vital e fatigoso caminhar que se desenvolve sobre duas frontes: por um lado, o aprofundamento normativo por parte da Santa Sé e das Conferências Episcopais; por outro, a tomada de consciência das comunidades que se abrem, mesmo se lentamente, para acolher esse ministério".[2]

Para o Concílio Vaticano II, a compreensão da Igreja só é possível em referência a Cristo. A Igreja reflete sobre uma luz que não é sua, mas de Cristo. É a partir de Cristo que a Igreja tem sentido, uma vez que ela é sacramento da presença de Cristo e continuadora de sua missão de salvação universal. Por isso existe na abertura da própria *Lumen Gentium* e na estrutura redacional do texto uma superação de modelos eclesiológicos anteriores. Formula-se uma eclesiologia do mistério, uma compreensão de Igreja que se vê como sacramento do Reino de Deus. O Reino de Deus, anunciado e manifestado em Jesus, torna-se presente na atuação da Igreja, não só na atuação da hierarquia eclesiástica, mas de todo o povo de Deus. Supera-se a visão de que a evangelização, a organização e missão eclesial estejam restritas aos membros ordenados. A Igreja passa a ser toda ela ministerial. Todo povo de Deus se faz partícipe do mistério e da missão do Pai. A retomada

---

[2] PETROLINO, E. O diaconato no pensamento do papa Francisco: uma Igreja pobre para os pobres. Brasília: Edições CNBB, 2020, p. 23.

do sacerdócio comum dos fiéis leva a uma nova leitura da missão da Igreja como missão de todos os batizados. Inseridos em Cristo pelo batismo, todos os cristãos são responsáveis pela sacramentalidade da Igreja enquanto anunciadora e concretizadora do Reino.[3]

Existe uma inversão eclesiológica fundamental no Concílio Vaticano II que refletirá diretamente sobre a compreensão dos ministérios ordenados. O Concílio irá retomar a compreensão primitiva de que os ministérios existem em função da comunidade. Só existem os bispos, os presbíteros e os diáconos porque anterior a eles existe a comunidade dos batizados. O ministério não é mais o fundamento de uma comunidade, isto é, uma comunidade não depende da existência de um ministro ordenado para existir, ao contrário, o ministro ordenado depende de uma experiência prévia com a comunidade de fé e exerce seu ministério em função dessa comunidade que lhe gestou. Assim, compreende-se, a partir do Vaticano II, que o ministério ordenado não pode mais ser assumido como poder sagrado. O ministério é, sobretudo, serviço, participação, comunhão e articulação.[4]

É em vista da superação da compreensão do poder sagrado que o diaconato permanente é restaurado no Concílio Vaticano II: "o restabelecimento do diaconato permanente na Igreja ocidental foi decidido pelo Concílio Vaticano II, na Constituição Dogmática *Lumen Gentium* (Paulo VI, 1964, n. 29), e especificado com indicações normativas na Carta Apostólica *Sacrum Diaconatus Ordinem,* do papa São Paulo VI, em forma de *motu proprio*, 'de sua iniciativa própria'. Promulgada em 18

---

[3] LIBANIO, J. B. Concílio Vaticano II: em busca de uma primeira compreensão. São Paulo: Loyola, 2005, p. 107-123.

[4] TABORDA, F. A Igreja e seus ministros: uma teologia do ministério ordenado. São Paulo: Paulus, 2011, p. 128-133.

de junho de 1967, a carta institui e organiza o diaconato permanente e, mais do que apresentar um compêndio de normas estruturadas metodologicamente, configura-se com importante reflexão teológica sobre a sacramentalidade do ministério diaconal e constitui fonte fundamental para a disciplina do diácono permanente".[5]

O presbítero foi ressignificado pelo Concílio, inclusive com a mudança de nomenclatura. Já não se fala mais de sacerdote, pois todos os batizados são sacerdotes em Cristo, mas de presbíteros, pois aqueles que exercem esse ministério agem em colaboração com o bispo, como membros de uma ordem específica dentro da Igreja. O presbiterato, restaurado pelo Concílio, assume e compartilha com o bispo o tríplice múnus. É nesse ponto que a restauração do diaconato tem sentido eclesiológico e teológico. O presbítero possui função própria de auxiliar o bispo no exercício do sacerdócio em sua tríplice função – santificar, ensinar e pastorear – enquanto o diácono participa do ministério episcopal como ministro da caridade, do serviço, do anúncio. Recupera-se, dessa forma, aquilo que era elementar na Igreja primitiva: o episcopado que, dada a grandeza de sua missão e de seu território, conta com duas ordens de auxiliares, dois braços: os presbíteros e os diáconos.[6]

Há no Concílio Vaticano II, inclusive na reorganização dos ministérios, a manifestação de uma nova espiritualidade que reflete uma nova perspectiva do sentido de que a Igreja assume em relação a si mesma. Com a retomada dos ministérios a

---

5 PETROLINO, E. O diaconato no pensamento do papa Francisco: uma Igreja pobre para os pobres. Brasília: Edições CNBB, 2020, p. 73.

6 ALMEIDA, A. J. Por uma Igreja ministerial: os ministérios ordenados e não ordenados no "Concílio da Igreja sobre a Igreja". In: GONÇALVES, P.S.L; BOMBONATO, V. I. (Org.). Concílio Vaticano II: análise e prospectivas. São Paulo: Paulinas, 2004, p. 337-366.

partir de uma eclesiologia do povo de Deus, de uma eclesiologia cujo enfoque é a evangelização e a missionariedade, uma nova experiência de Igreja, tanto para os leigos quanto para os ministros ordenados, começa a se desenvolver e se consolidar. Iniciada pelo Concílio e gradualmente implementada no mundo todo, a Igreja começa a se ver de modo muito mais articulada com o Reino que deve anunciar e com o mundo na qual deve se inserir. Articula-se Reino-Mundo-Igreja como três grandezas que compõem o ser e o agir de toda a comunidade dos seguidores de Cristo.[7]

A partir do Concílio Vaticano II, olhando especificamente para os ministérios ordenados, emerge uma espiritualidade que valoriza a experiência comunitária, social e evangelizadora, em detrimento ao fechamento da comunidade sobre seu culto, sua teologia e doutrina. A comunidade dos seguidores de Jesus, tal como quis o Concílio na constituição pastoral *Gaudium et Spes*, retoma seu lugar no mundo, assumindo-o como lugar da experiência de Deus.[8] Pode-se falar, atualmente, de uma espiritualidade encarnada na realidade, que dialoga com ela e ganha expressividade no ministério diaconal, já que o diácono, como ordenado para o serviço da caridade, traz, aos olhos da Igreja local (diocese), as carências e necessidades dos mais pobres. É o diácono que faz a ponte entre os mais necessitados e a Igreja. Esse modo de perceber a Igreja e vivenciar o ministério, certamente coloca o diaconato em seu devido lugar, como desejado pelo Concílio. O diácono é

---

7 BOFF, L. Igreja: Carisma e Poder. Petrópolis: Vozes, 2022, p. 25-26.

8 VATICANO II. Constituição Pastoral *Gaudium et Spes*. In: Documentos do Concílio Ecumênico Vaticano II. São Paulo: Paulus, 1997, p. 539-661, n. 1.

ordenado para o ministério, para servir, como afirma a *Lumen Gentium*.[9]

A espiritualidade do serviço, que é própria do diácono, não é, contudo, uma espiritualidade exclusiva desse ministério. O serviço é um dever cristão. Ele está inserido na própria dinâmica da revelação. O agir de Deus e sua autocomunicação amorosa à humanidade, especialmente em Jesus Cristo, constitui um serviço, um sair de si mesmo em função de um amor-doação.[10] Toda Igreja, sacramento de Cristo, assume para si essa dinâmica própria da revelação de Deus como espiritualidade que lhe impele a sair e servir. Nos últimos anos, o papa Francisco tem insistido ardentemente nessa comunidade que sai, que vai ao encontro, que se permite enlamear para chegar às periferias geográficas e existenciais. É esse sair como proposta de serviço que faz da Igreja um real sacramento de salvação.

A partir do Concílio Vaticano II, o diaconato se torna símbolo de uma postura eclesiológica muito mais circular, sinodal, do que hierarquizada. O diaconato é um ministério próprio que traduz a ministerialidade da Igreja e a espiritualidade do serviço que lhe é intrínseca em todos os ministérios e todas as funções pastorais. O diácono permanente, consciente de sua missão de servidor da comunidade, é indicado por ela para assumir um ministério que expresse a caridade, o cuidado e a proximidade com os últimos da sociedade. Pode-se afirmar que o diácono é aquele que melhor expressa ministerialmente a espiritualidade eclesial do serviço e da inserção no mundo, valorizada pelo Concílio. A recuperação do diaconato no

---

9 VATICANO II. Constituição Dogmática *Lumen Gentium*. In: Documentos do Concílio Ecumênico Vaticano II. São Paulo: Paulus, 1997, p. 101-197, n. 29.

10 FORTE, B. Teologia da História: Ensaios sobre a revelação, o início e a consumação. São Paulo: Paulus, 1995, p. 159ss.

Concilio Vaticano II torna evidente que toda a comunidade eclesial, em seus diversos ministérios, faz da Igreja a presença sempre viva do Cristo no meio de seu povo.[11] É no meio desse povo que está inserida a Igreja diocesana, na qual o diácono permanente exerce seu ministério e vive sua espiritualidade tipicamente no espírito da diocesaneidade: "o perfil do ministério diaconal vem ainda mais bem delineado no documento *Ad Pascendum* (AP), no qual São Paulo VI reafirma mais uma vez que o diácono é animador do serviço – ou seja, da diaconia da Igreja – junto das comunidades locais, sinal e instrumento do próprio Cristo Senhor".[12]

---

[11] BENDINELLI, J. C. Diaconia da Palavra: o ministério e a missão do diácono permanente. São Paulo: Paulus, 2023, p. 13-19.

[12] PETROLINO, E. O diaconato no pensamento do papa Francisco: uma Igreja pobre para os pobres. Brasília: Edições CNBB, 2020, p. 40.

4 O DIACONATO NA IGREJA DO BRASIL

A Igreja no Brasil só pode ser adequadamente compreendida em seu contexto mais amplo de participação na Igreja Universal (Católica) e na Igreja na América Latina, em suas tradições, percepções e identidade. Há uma urgência em recuperar essa perspectiva de pertencimento identitário das comunidades à Igreja em sua universalidade e em sua inserção na tradição do continente latino-americano. Não se pode, como muitas vezes ocorre, fazer de nossas comunidades um reduto isolado de gostos pessoais e concepções próprias. A Igreja não se reduz ao pequeno espaço de uma paróquia ou diocese. Ela possui uma catolicidade que se expressa em sua consciência de pertença universal e sua identidade local.

No centro dessa complexa relação, marcada por certas tensionalidades e particularidades, a Igreja no Brasil, especialmente após o Concílio vaticano II, tem assumido com expressividade sua produção teológica, ação pastoral e colaboração na ação evangelizadora de todo o continente. Sabemos que o reconhecimento e a valorização da identidade da Igreja no Brasil são fundamentais para a compreensão da realidade eclesial contemporânea neste país, em suas conquistas e seus desafios. Um olhar atento sobre a Igreja em toda a América

Latina foi oferecido pelos bispos na V Conferência Geral do Episcopado Latino-americano e do Caribe, ocorrida em Aparecida, em 2007.

Seguindo a tradição pós-conciliar da América Latina, de promover conferências gerais do episcopado, para debater e propor perspectivas pastorais e linhas concretas de evangelização, o Documento de Aparecida atenta-se, de modo especial, à tradição e à história da Igreja neste continente, colocando em evidência as muitas conquistas e os muitos desafios enfrentados pelos diversos países. Segundo o Documento de Aparecida, cujo um dos redatores principais foi o então arcebispo de Buenos Aires, Jorge Mario Bergoglio, o fenômeno fundamental para compreender a realidade da Igreja hoje é a globalização. A globalização, compreendida como colonização cultural, tem aberto caminhos para uma dramática perda de identidade local, que se expressa na falta de sentido de pertença a um povo, uma cultura ou religião.[1] Há uma crise instaurada pelo processo de globalização que se evidencia – especialmente em campo eclesial – na longa lista de desafios encontrados, dentre eles: o aumento populacional, muito maior do que o aumento de comunidades eclesiais; a volta a uma eclesiologia pré-conciliar; a evangelização sem ardor; a linguagem sem significado; a escassez de padres; a falta de atendimento a fiéis em situação de vulnerabilidade; o crescimento da indiferença religiosa; a falta de austeridade dos que representam o Evangelho.[2]

Apesar de um olhar muito significativo ao desenvolvimento da Igreja neste continente, são os desafios que orientam as propostas de ação evangelizadora. É preciso que esses desa-

---

[1] CELAM. Documento de Aparecida. São Paulo: Paulus, Paulinas; Brasília: Edições CNBB, 2007, n. 34-42; 61-62.

[2] Ibid. n. 100.

fios estejam claros para que se desenvolva uma ação evangelizadora eficaz, como aquela que foi proposta pelas Diretrizes Gerais da Ação Evangelizadora da Igreja no Brasil (DGAE), 2019-2023. Partindo de uma concepção cada vez mais crescente da consciência missionária da Igreja, os bispos do Brasil e todo o povo de Deus passaram a incentivar uma ação evangelizadora, cuja centralidade é o anúncio do Reino de Deus, a saída das estruturas fixistas e uma aproximação sempre renovada com os outros. Essa identidade missionária da Igreja, afirma a DGAE, nasce de uma espiritualidade consciente de que a missão tem sua origem em Deus e que todos os cristãos, especialmente aqueles que exercem um serviço eclesial, estão incluídos e são responsáveis por seu acontecer.[3]

É nessa perspectiva que, atualmente, se compreende o diaconato na Igreja no Brasil. A partir de um olhar sobre a identidade eclesiológica da América Latina, marcada com sua compreensão da realidade, propostas concretas de ação evangelizadora, a crescente consciência de que a Igreja é missionária em todas as suas instâncias, valorização da tradição cultural e local das muitas Igrejas particulares deste continente, é que o diácono constrói sua identidade, enquanto ministro ordenado a serviço da comunidade cristã. O diácono, capaz de abrir-se amorosamente à caminhada eclesial da Igreja na América Latina e no Brasil, conseguirá exercer seu ministério de modo muito mais eficaz. Tendo um ponto de partida e de chegada, uma meta para a qual caminha com o povo de Deus e seus pastores, ele poderá perceber-se como integrante de uma ação que lhe é muito maior. Conseguirá dar sua colaboração

[3] CNBB. Diretrizes Gerais da Ação Evangelizadora da Igreja no Brasil 2019-2023, Brasília: Edições CNBB, 2019, n. 19-23.

humilde para concretizá-la no dia a dia da comunidade cristã em que está inserido.

Na consciência de uma Igreja toda ministerial, que nasce do Concílio e se perpetua como característica originária da Igreja no Brasil, é que os primeiros diáconos permanentes foram ordenados. Na direção de uma reflexão elaborada pelo cardeal Suenens, no Vaticano II, na qual ele afirma a necessidade de o diaconato como ministério específico, conforme a compreensão da Igreja primitiva e das demandas pastorais contemporâneas, a constituição *Lumen Gentium* aprova a restauração do diaconato permanente. Assim, ela possibilita, de modo muito significativo na América Latina, a criação de escolas de formação diaconal e as primeiras ordenações que ocorrem no ano de 1968, na celebração de encerramento do Congresso Eucarístico de Bogotá, pelo papa São Paulo VI.[4]

Desde sua restauração no Concílio e as primeiras ordenações em 1968, no Brasil, o diaconato permanente tem crescido de modo expressivo. É o ministério eclesial cujo aumento é mais significativo, apesar de desigual. A região Sul ordenou muito mais diáconos do que outras regiões. Contudo, 73% das dioceses no Brasil possuem o ministério diaconal eficazmente instituído. Esse crescimento no ministério diaconal não significa que o ministério seja bem compreendido ou cumpra devidamente com suas funções. Todo o processo de instituição e consolidação do diaconato no Brasil esteve marcado por tensões, ressignificações e necessidade constante de aprimoramento. Muitas dioceses têm olhado com atenção para a formação de seus candidatos e buscado inseri-los na atividade

---

[4] ROCHA, L. Ministério Diaconal: história e teologia. São Paulo: Paulus, 2020, p. 132-135.

pastoral da Igreja de formas diversas, tentando responder às questões que são próprias daquela região.[5]

O diaconato no Brasil precisa ter sempre diante de si sua identidade de participar de uma Igreja que se compreende como ministerial, uma Igreja na qual todo o povo de Deus é chamado ao serviço. O diaconato não foi restaurado para ser uma extensão do clero ou uma instância superior ao povo de Deus, mas para o serviço pastoral e evangelizador desse mesmo povo. O que se espera de um diácono permanente, consciente de sua missão, é que ele se compreenda, primeiramente, como partícipe do povo de Deus em sua identidade missionária e em sua ação evangelizadora. Tocado pelo chamado divino, convidado pela Igreja e devidamente formado, pode assumir, de modo indelével, o caráter sacramental do serviço. É preciso, como pedem os documentos da Igreja na América Latina e no Brasil, que o diácono permanente se insira nessa crescente consciência missionária, que deve permear toda a Igreja. Ele, tal como foi dito pelo cardeal Suenens, no Concílio, possui uma função significativa no atendimento a demandas pastorais (o cardeal se referia ao catecumenato e às terras de missão), na Europa ou fora dela, em que uma multidão significativa de pessoas necessita de Cristo.

A Igreja no Brasil tem muito a ganhar com os diáconos permanentes e com o bom exercício do diaconato pelos diáconos transitórios, se os candidatos ao ministério souberem construir sua identidade pessoal em comunhão com a Igreja na América Latina. O diácono, que carrega em seu coração uma eclesiologia missionária, de comunhão, serviço, participação, sinodalidade, que ama sua Igreja local como sua casa e sua família, certamente servirá com maior atenção e reponsabi-

5 Ibid. p. 136-163.

lidade o povo que lhe é confiado. Por isso é sempre preciso superar as visões reducionistas de uma Igreja a "meu gosto", para que se descubra horizontes mais amplos e se possa evangelizar de maneira mais eficaz. É sempre preciso ter claro que a evangelização é uma necessidade: é a responsabilidade pela vida, pela felicidade e pelo sentido daqueles aos quais nos dirigimos. O diácono, portanto, é a sacramentalidade desse serviço ministerial, que se sente responsável, com toda a Igreja, por ir ao encontro dos que mais precisam e proporcionar-lhes uma experiência de Deus.

5 O MINISTÉRIO DIACONAL NA IGREJA E NA SOCIEDADE HOJE

A Igreja, especialmente após o Concílio Vaticano II, assume uma nova postura frente ao mundo moderno. Há um processo de reconciliação com a modernidade a partir do qual a Igreja assume o mundo como lugar de sua missão e espaço de encontro com Deus. Superaram-se as dicotomias entre o mundano e o espiritual, entre o sagrado e o profano, entre a Igreja e a sociedade. Nos últimos anos, percebeu-se uma constante relação entre a Igreja e o mundo, não somente enquanto grandezas que se suportam, mas grandezas que necessariamente se interpelam. O mundo se dirige à Igreja colocando diante de seus olhos as misérias, as injustiças, as novas tecnologias, a superação de limitações do passado. A Igreja coloca diante do mundo sua proposta humanizadora, solidária e ética. A interpelação mútua dessas duas grandezas faz com que Igreja e mundo se construam concomitantemente e se tornem o lugar da revelação.

Enquanto lugar da revelação, o mundo não pode ser rejeitado pela Igreja nem considerado com inimizade. É preciso superar os preconceitos enraizados na antiga dicotomia entre

Igreja e sociedade. É um risco manter vivo alguns discursos que olham para o mundo de cima, que em suas entrelinhas transformam a Igreja em um lugar de pessoas perfeitas que, dada sua perfeição, se sintam aptas a julgar o mundo exterior. O papa Francisco, ao falar da santidade, muitas vezes, reafirmou o cuidado que a Igreja deve ter com a tentação de se tornar um grupo fechado, que se considera moralmente superior aos demais e julga soberbamente os irmãos.[1] A Igreja não está acima do mundo nem é sua inimiga. Pregações que enfatizam a dicotomia ou criam a imagem do mundo como lugar do pecado, do mal, do desvio moral, prestam mais um desserviço à Igreja do que colaboram com sua missão. Já o Concílio Vaticano II intencionava, na pessoa do papa São João XXIII, abolir o costume de emitir condenações e, ao contrário, incentivar o diálogo, a proximidade, a solidariedade com as diferenças.[2]

É a postura de aceitação do mundo tal como ele se apresenta hoje que alimenta a reflexão eclesial. As rápidas mudanças que configuram a contemporaneidade têm anunciado o fim de um período histórico e o início de um novo processo. Vários documentos eclesiais se preocuparam com essa mudança, confirmando a atualidade como uma mudança de época. Uma mudança de época sempre consistiu em uma ruptura com vários costumes, discursos, várias organizações e visões de mundo. Toda mudança de época, historicamente, implica uma revolução dos valores e do ordenamento social. Acompanhar essas mudanças exige um espírito de abertura que sabe

---

1 FRANCISCO. Exortação Apostólica *Gaudete et Exsultate* sobre o chamado à santidade no mundo atual. São Paulo: Paulus, 2018, n. 35-32.

2 JOÃO XXIII. Discurso de Inauguração do Concílio Vaticano II. In: Documentos do Concílio Ecumênico Vaticano II. São Paulo: Paulus, 1997, p. 28-29.

encontrar nelas elementos positivos e negativos.[3] O Concílio Vaticano II falou abundantemente de uma leitura dos sinais dos tempos. É esse olhar atento que deve alimentar a reflexão eclesial sobre o tempo presente, assumindo as mudanças do mundo contemporâneo enquanto potencialmente positivas e também portadoras de aspectos negativos. Uma condenação de tudo que é novo implicaria em uma rejeição dos sinais dos tempos e um fechamento da Igreja sobre si, fazendo com que o cristianismo perca o sabor, a vitalidade e sua essência.[4]

O cristianismo nunca foi uma religião de fechamento. Desde os tempos apostólicos, os cristãos souberam ir ao encontro das culturas e sociedades. As bases que formam a teologia cristã, a filosofia cristã e a própria organização eclesial são profundamente sincréticas. O cristianismo nasce do encontro e da síntese das muitas culturas mediterrâneas na Antiguidade Tardia, aglutinando-se, posteriormente, com os costumes germânicos oriundos das invasões do século V.[5] A própria liturgia é um testemunho desse sincretismo cultural e linguístico, que marcou o primeiro milênio cristão. Um exemplo ilustrativo: o rito de entrega das insígnias episcopais, das vestes, dos utensílios sagrados ou do livro dos evangelhos durante as ordenações é o costume germânico, típico de uma sociedade estamental, que caracteriza o feudalismo medieval. O rito de juramento, no qual os ordenandos colocam as mãos entre as mãos do bispo e lhe prestam obediência, era totalmente desconhecido

---

[3] CELAM. Documento de Aparecida. São Paulo: Paulus; Paulinas; Brasília: Edições CNBB, 2016, n. 33-42.

[4] VATICANO II. Constituição Pastoral *Gaudium et Spes*. In: Documentos do Concílio Ecumênico Vaticano II. São Paulo: Paulus, 1997, p. 539-661, n. 4.

[5] IRVIN, D; SUNQUIST, S. História do movimento cristão mundial. São Paulo: Paulus, 2004, Vol. 1, p. 41ss.

da comunidade cristã e do rito romano até meados do século VIII. Esse costume vem de culturas do norte da Europa.[6]

Olhar para a história da Igreja é olhar para uma história de uma frequente assimilação da cultura e da sociedade de cada época. A Igreja nunca se pensou ou se formou distante das culturas em que ela se inseriu. O cristianismo não é um grupo fechado de eleitos que se consideram fora do mundo, mas uma presença no mundo e para o mundo. É precisamente essa inserção na sociedade que faz da Igreja um organismo vivo a partir do qual o mundo pode ser constantemente interpelado à promoção de uma sociedade mais humana. Compreendida e superada a dicotomia entre a Igreja e o mundo, cabe olhar agora para os ministérios eclesiais como ministérios de inserção e atuação no mundo. O ministro, particularmente o diácono, é ministro da Igreja que age concomitantemente na sociedade. Uma vez ordenado para colaborar com a comunidade cristã em sua articulação fundamental Reino-Mundo-Igreja, é alguém que compreende a missão da Igreja sempre no interior de um mundo que é, ao mesmo tempo, destinatário e fonte da revelação de Deus.

O primeiro passo para a superação de uma mentalidade avessa ao mundo é o reconhecimento de que a Igreja, enquanto comunidade de pessoas, tem uma missão no mundo. A eclesiologia do Concílio Vaticano II, com sua compreensão da Igreja como uma comunidade missionária, fundada no sacerdócio comum de todo povo de Deus, sacramento de salvação e continuadora da missão de Cristo, retoma uma antiga percepção do cristianismo relatada por um cristão anônimo a seu amigo Diogneto. Para esse cristão anônimo o que define o cristianis-

---

6 TABORDA, F. A Igreja e seus ministros: uma teologia do ministério ordenado. São Paulo: Paulus, 2011, p. 256-265.

mo é o fato de que os cristãos são como a alma do mundo. Ser alma do mundo significava, na perspectiva desse autor do século III, que os cristãos estavam plenamente inseridos no mundo e na sociedade de seu tempo. Eles eram plenamente conhecidos nos meios sociais de sua época, apesar de manterem costumes particulares. A carta a Diogneto é um escrito fundamental para compreender a relação entre os cristãos e o mundo, pois os cristãos sempre se viram como partícipes da sociedade, como testemunhas humildes e sinceras no meio de um mundo, destinatário da evangelização. A carta afirma que os cristãos não tinham poderes públicos, nem demonstrações especulares da fé, nem mesmo eram pertencentes às classes dominantes, mas o mundo já não podia viver sem a bondade e solidariedade que eles testemunhavam.[7]

Talvez essa seja o cerne de uma compreensão saudável da relação dos cristãos com o mundo. Não se deve querer que o mundo se configure à proposta de Jesus pela força, mas que ele se converta pelo testemunho. A fé não é um anúncio ousado enquanto espetáculo ou expressividade notável, mas testemunho diário de uma proposta que humaniza a sociedade. É essa uma compreensão adequada para o ministério diaconal enquanto ministério que articula, de modo muito singular, a Igreja e o mundo. Os diáconos fazem parte da interlocução direta do mundo com a Igreja, inserem-se, de fato, em duas realidades: tornam-se membros ordenados da Igreja e vivem sua vida civil comumente. Eles possuem família, filhos e emprego, ao mesmo tempo que exercem um ministério eclesial ordenado. Conjugando em si as duas faces da realidade, a

[7] ANÔNIMO. Carta a Diogneto. In: Padres Apologistas. São Paulo: Paulus, 1995, p. 19-30, n. 5-6.

pessoa do diácono é o ponto de encontro favorável para que a sociedade e a proposta cristã se encontrem fecundamente.

O segundo passo para uma correta articulação entre o mundo e a Igreja é a redescoberta de uma mística, que encontra espaço no olhar para sociedade. Na perspectiva do Concílio Vaticano II, muito utilizada pelo papa Francisco, nasce na Igreja uma mística de olhos abertos, a partir da qual a experiência autêntica de Deus passa necessariamente pelo encontro com os mais pobres. Johan Baptist Metz (1928-2019), teólogo católico alemão, aluno de Karl Rahner, em uma coleção de textos agrupada e denominada mística de olhos abertos, enfatiza que há uma necessidade de olhar para o mundo enquanto possibilidade de reconhecimento de Deus. No grito de Cristo "Meu Deus, por que me abandonaste?", continuado no grito de tantos sofredores, encontra uma face de Deus que interpela à ação, ao despojamento de si, ao encontro com as pessoas. O sofrimento do mundo é, em último sentido, a revelação de Deus que interpela ao amor, uma vez que, no grito de um mundo sofrido, a Igreja é chamada a exercer de modo pleno sua missão de doar-se gratuitamente aos outros, seguindo os passos de Cristo.[8]

O papa Francisco tem publicado documentos que apontam essa direção de encontro com os pobres, com o mundo e com a sociedade. Os constantes chamados de Francisco a uma Igreja em saída, a uma Igreja acolhedora, a uma Igreja que promove o encontro, fundamentam-se em uma visão eclesial missionária que se dá a partir da constatação da riqueza do mundo enquanto lugar da revelação. O sair da Igreja de seu fechamento sobre as próprias estruturas, a superação do cle-

[8] METZ, J. B. Mística de olhos abertos. São Paulo: Paulus, 2013, p. 15-24.

ricalismo, do hierarquismo e do narcisismo, a necessidade de um cristianismo mais pobre, mais próximo da vida comum, implica uma constante interpelação a cada cristão, especialmente aos ministros ordenados, para a revisão das próprias preocupações. O que é realmente primordial em minha ação evangelizadora? Com o que me preocupo realmente? O papa Francisco tem dado fortes indicações de que a preocupação da Igreja deve ser uma inquietação em relação ao mundo, não em manter suas próprias estruturas.[9] As próprias discussões sinodais apontam para a construção de uma postura eclesial que seja essencialmente missionária, evangelizadora para os outros. Retoma-se aqui aquilo que São Paulo VI já dizia na *Evangelii Nuntiandi*: evangelizar constitui a graça e a vocação própria da Igreja, sua mais profunda identidade, ela existe para evangelizar."[10]

Nesse sentido, o diaconato encontra hoje um momento muito propício para o exercício de seu ministério: o cultivo de uma espiritualidade que articula bem o mundo e a Igreja enquanto realidades complementares. O mundo é sempre o campo a partir do qual Deus consegue manifestar seu mistério em faces surpreendentes. O diácono, ordenado para o exercício da caridade, tem o dever de olhar com atenção, diligência e rapidez a presença de Deus no chamado à caridade eclesial. O diácono é aquele que capta com agudeza a necessidade do mundo e a traz como manifestação de Deus ao seio da Igreja. Ser diácono no mundo contemporâneo é assumir o mundo como lugar privilegiado do exercício do

---

[9] FRANCISCO. Exortação Apostólica *Evangelii Gaudium* sobre o anúncio do Evangelho no mundo atual. São Paulo: Paulus; Loyola, 2013, n. 15; 20; 27-33; 40-49.

[10] PAULO VI. Exortação Apostólica *Evangelii Nuntiandi* sobre a evangelização no mundo contemporâneo. São Paulo: Paulinas, 2019, n. 14.

ministério. O mundo não é o lugar do mal, mas o lugar do encontro com Deus, especialmente com o Deus que se revela no grito dos pobres: "a cidade é o lugar sociocultural do encontro com Deus e o próximo".[11]

[11] CARVALHO, H. R. Paróquia missionária: projeto de evangelização e missão paroquial na cidade. São Paulo: Paulus, 2023, p. 11.

6 A PLURALIDADE DE EXPRESSÕES DO MINISTÉRIO DIACONAL

A adequada compreensão do ministério diaconal e sua espiritualidade supõem um olhar atento à eclesiologia que o sustenta. É necessário olhar com atenção as opções e os modelos eclesiológicos que estão na base da ação pastoral de uma comunidade e de seus ministros. Nenhuma ação evangelizadora prescinde de modelos eclesiológicos assumidos previamente e não se sustenta sem uma identidade clara que nasce do modelo assumido. O problema não está em assumir um modelo, mas em compreender com certa profundidade o mistério da Igreja e suas múltiplas manifestações para que então se façam opções acertadas. A Igreja presentifica o mistério de Cristo, e é ela mesma o mistério. Compreender adequadamente a eclesiologia e sua estreita relação com a cristologia é fundamental para que o ministério ordenado, especialmente do diaconato, possa encontrar as raízes de sua identidade e alargar seus campos de atuação.

É importante recordar a impossibilidade de se pensar uma eclesiologia sem uma cristologia a ela subjacente. A Igreja nasce de uma contínua resposta à pergunta do próprio Cristo: "E vós, quem dizeis que eu sou?" Ao longo dos anos, a comunidade dos seguidores de Jesus busca compreender e aprofundar a pergunta do Mestre e Senhor. A necessidade de responder a esse questionamento está em sua incidência no cerne identitário da própria Igreja. À medida que se compreende Jesus e seu projeto, automaticamente a comunidade dos seguidores se autocompreende. Há uma inter-relação intrínseca entre Jesus e Igreja.

O papa São João Paulo II expressa muito significativamente essa relação quando, em sua exortação apostólica direcionada aos leigos *Christifideles Laici*, utiliza-se de analogia empregada pelo próprio Jesus da videira e dos ramos. Olhando para a Igreja, São João Paulo II enfatiza a vitalidade e a organicidade de que a comunhão entre Cristo e os fiéis está dotada. A comunhão entre Cristo e a Igreja e a comunhão dos fiéis entre si expressam o mistério próprio da Igreja que, como família de Deus, caminha para a unidade amorosa do Pai e do Filho e do Espírito Santo. Esse caminhar rumo à comunhão perfeita da Trindade, inspirada por essa mesma comunhão, faz da Igreja a comunidade dos santos, na qual, unidos a Cristo e aos outros, todos os cristãos, pelo batismo, estão inseridos. A comunhão dos santos evidencia o mistério de comunhão que perpassa toda a Igreja e se revela por meio de expressões como a do apóstolo Paulo que se refere à Igreja como Corpo de Cristo.[1]

A partir de uma concepção da Igreja como corpo de Cristo, Paulo fala dos diversos dons e carismas que animam a comunidade cristã. Vários são os dons e os carismas que colaboram para a edificação da comunidade. Diferentes, todos os dons e carismas servem a um mesmo objetivo: a edificação da Igreja (cf. 1Cor 12,4-13). É nesse sentido que o Concílio Vaticano II entende a diversidade de ministérios e suas funções no corpo

---

1 JOÃO PAULO II. Exortação Apostólica *Christifidelis Laici* sobre a vocação e missão dos leigos na Igreja e no mundo. São Paulo: Paulinas, 2011, n. 18-19.

eclesial. São João Paulo II, chancelando o ensinamento conciliar sobre os ministérios, diz a respeito do ministério ordenado: "os ministérios ordenados, antes de o serem para aqueles que o recebem, são uma imensa graça para a vida e a missão da Igreja inteira [...]. Por isso a fim de assegurar e aumentar a comunhão na Igreja, em especial no âmbito dos diversos e complementares ministérios, os pastores devem reconhecer que seu ministério é radicalmente ordenado para o serviço de todo povo de Deus" [...].[2]

Ministério ordenado: compreendido no conjunto dos diversos ministérios que se complementam, o diaconato não pode ser assumido como uma forma de recompensa ou reconhecimento a um serviço prestado por alguém à comunidade cristã. Ao contrário, o diaconato é sempre um chamado ao serviço mais radical de um cristão ao povo de Deus, cuja colaboração deve favorecer a comunhão e o bem-estar de toda a Igreja. Nesse sentido, o ministério do diácono apresenta uma série de expressões que, a seu modo, manifestam a comunhão de dons que perpassa todo o corpo eclesial e que se coloca a serviço desse mesmo corpo. Como cristão batizado, o diácono participa do múnus sacerdotal, profético e real de Cristo, como também é chamado a expressar tal participação de modo mais evidente e eficaz ao assumir também o múnus próprio do ministério ordenado de santificar, ensinar e reger. O ministério diaconal possibilita a ligação entre as duas categorias de serviço eclesial: os leigos e os presbíteros/bispos, e o diácono carrega consigo uma dimensão identitária no exercício de seu ministério.

Em relação ao múnus sacerdotal, tal como os leigos e as leigas, os diáconos são chamados ao serviço incondicional e

---

[2] Ibid. n. 22.

gratuito aos irmãos, fazendo de suas próprias vidas uma oferta constante ao Pai. O Concílio Vaticano II, tal como o expressa São João Paulo II, afirma que as atitudes diárias de todos os fiéis são um constante culto ao Pai, por meio das quais o mundo é santificado, redimido e consagrado.[3] O diácono, enquanto ministro ordenado que assume para si o batismo em sua radicalidade, faz de sua vida, de seu trabalho e de sua ação pastoral um constante oferecimento ao Pai como caminho de santificação pessoal e de toda a comunidade, à qual é convidado a servir. Em relação ao múnus profético, o diácono é um anunciador privilegiado do Evangelho, seja na liturgia ou em sua ação ministerial. O papa São João Paulo II afirma que cada cristão é chamado a fazer brilhar no mundo a luz de Cristo mediante o exercício de seu ministério de anunciador da Palavra, manifestando em uma realidade secular a presença viva de Cristo.[4] Como profeta, o diácono é um anunciador de Cristo e o torna presente em todos os âmbitos do mundo por meio de seu serviço. Em relação ao múnus régio de Cristo, cada batizado se torna um servidor, visto que a realeza de Cristo é serviço.[5] O diácono, como ministro ordenado para o serviço, leva até as últimas consequências esse caráter identitário do múnus batismal e ordenado: ele serve e faz do serviço sua identidade mais radical.

A partir do tríplice múnus batismal, no qual todos os ministérios e carismas da Igreja se enraízam e encontram seu sentido, pode-se olhar para o ministério diaconal sobre uma nova perspectiva. O ministério do diácono é uma expressão mais profunda do dinamismo da vocação cristã, do serviço a que todo os batizados são chamados a exercer dada sua par-

---

3 Ibid. n. 14.
4 Ibid. n. 14.
5 Ibid. n. 14.

ticipação no ministério de Cristo. O diácono, ao responder sim a seu chamado vocacional, assume para si o compromisso de fazer de seu ministério um constante caminho de santificação, profetismo e serviço eficaz ao povo de Deus. Para além de noções abstratas do ministério e de sua expressão no exercício do múnus batismal, é preciso sempre recordar que a verdadeira face do ministério ordenado se dá no agir concreto em uma comunidade. A comunidade cristã é a fonte e a destinatária última de todo serviço ordenado. O ministério é conferido em comunhão com a comunidade para o serviço dela mesma. Assim sendo, o diácono só pode desenvolver plenamente seu ministério se inserido em uma comunidade, encontrando sua razão de ser nessa mesma comunidade.

O ministério do diácono, concebido como um ministério de serviço à comunidade local, é um ministério que se expressa na liturgia e na ação pastoral. Na liturgia, o diácono sacramentaliza e simboliza aquilo que deve fazer na ação pastoral. O que o diácono realiza em seu agir pastoral – a caridade, o ensinamento, o cuidado e o serviço aos irmãos – ganha ritualidade na celebração litúrgica ao arrumar o altar, anunciar o evangelho, auxiliar o presbítero e servir a eucaristia. Não há separação nem dicotomia entre as duas faces do ministério ordenado: aquilo que se celebra na liturgia é aquilo que é vivido em comunidade. O diácono celebra na liturgia aquilo que experimenta enquanto servidor de uma comunidade à qual se dedica na edificação e na promoção da comunhão, na instrução e no cuidado aos vulneráveis.[6]

Neste sentido, o ministério do diácono só tem sentido e se expressa de modo adequado quando conjuga a realidade

---

[6] CNBB. Instrução Geral do Missal Romano e Introdução ao Lecionário. Brasília: Edições CNBB, 2014, n. 16-26.

evangelizadora com a realidade celebrativa, tendo sempre em seu ministério a eclesiologia de comunhão que é proposta pelo Concílio. A Igreja é um mistério de comunhão no qual todos os membros são chamados a construir essa comunhão com seu testemunho, sua participação e seu serviço. O diácono, consciente da radicalidade de seu sim ao múnus batismal, assume com maior assiduidade a identidade eclesial de sujeito de comunhão, participação e missão; assume para si a tarefa da Igreja de servir na unidade e anunciar a fé com ardor. Unido a Cristo, como os ramos à videira, cada cristão, especialmente os ministros ordenados, deve assumir para si o dever de santificar, profetizar e reger, no serviço ao mundo: "o diácono representa, na Igreja, a imagem viva do Cristo Servo de todos, do Cristo que, por amor, curva-se para lavar os pés de seus discípulos, do Cristo que cuida dos sofrimentos dos mais fracos, do Cristo que proclama a Palavra do Reino a todos, especialmente aos pobres, do Cristo que se aproxima de qualquer pessoa marcada pela tristeza e pela angústia, do Cristo que oferece sua vida em sacrifício".[7]

---

[7] COSTA, E. Teologia do diácono permanente: sacramento do Cristo servidor. Curitiba: Editora Inter Saberes, 2023, p. 209.

7 O MINISTÉRIO DIACONAL E A DUPLA SACRAMENTALIDADE: MATRIMÔNIO E ORDEM

O sacramento compreende uma concretização da graça de Deus por meio de elementos simbólicos capazes de remeter o ser humano a uma outra dimensão da existência, como assinala a teologia dos sacramentos. Uma compreensão adequada da sacramentalidade da vida depende de um olhar mais profundo da realidade, capaz de compreender aquilo que não é visto imediatamente e possibilita a abertura dos horizontes pessoais a uma outra dimensão da existência, a dimensão do simbólico, do significativo e do afetivo. A sacramentalidade da vida se dá à medida que alargamos nossos pensamentos para a graça de Deus, que se manifesta surpreendentemente.

Na catequese e na própria formação teológica da Igreja na América Latina, a compreensão do que é um sacramento se reduziu ao longo do tempo. É muito comum que os fiéis vejam o sacramento como um ritual quase que mágico ou misterioso. Em alguns casos, a vivência do sacramento está muito mais condicionada às superstições populares do que à própria compreensão do mistério celebrado ritualmente e seu verdadeiro sentido. Há em alguns casos e algumas localidades uma relação complexa com o sacramento que, não poucas vezes, é incentivada pelos clérigos. Vê-se uma promoção de celebrações que mais se aproximam de shows do que de momentos de oração.

Diante desse cenário, é preciso que aqueles que servem ministerialmente à comunidade se dediquem a aprofundar a própria compreensão da vivência sacramental, tendo-a sempre como materialização da experiência de Deus. O sacramento não pode ser compreendido fora do contexto da graça e da ação de Deus na história da salvação. O sacramento não é uma força própria diante da qual o ser humano vê-se aterrorizado em sua consciência ou em momentos catárticos, mas é um caminho pelo qual Deus se deixa experimentar em seu mistério. No sacramento, o mistério divino se faz presente de modo muito particular para alimentar e sustentar a espiritualidade de cada cristão. A relação que há entre o sacramento e a pessoa se dá no campo da espiritualidade, da contemplação, da intelecção do mistério em seu silêncio, em sua manifestação humilde, simbólica e, consequentemente, significativa.[1]

No caso específico do diácono permanente, tanto o matrimônio como a ordenação diaconal constituem elementos sacramentais concomitantes em sua vida. O diácono permanente vive os sete sacramentos propostos pela Igreja, ao passo que o presbítero e o bispo se privam do matrimônio. Dessa forma, é possível perceber que o diaconato permanente possui uma riqueza própria, refletida em sua vivência sacramental. A completude dos sacramentos, que ao longo da vida o diácono é chamado a experimentar, revela a integralidade de seu ser e agir. Do mesmo modo que o diácono recebe todos os sacramentos, toda a sua vida e espiritualidade são vividas

---

1 RIBÓLLA, J. Os sacramentos trocados em miúdo. Aparecida: Editora Santuário, 1990, p. 18-20.

com sacramentalidade. O diácono vive os sacramentos e vive sua vida de modo sacramental. Ele faz de seu ministério uma maneira de manifestar a graça de Deus aos irmãos, na comunidade paroquial em que exerce seu ministério diaconal.

Em relação ao sacramento do matrimônio, o diácono é chamado a testemunhar com sua vida os valores do evangelho que são destinados ao bem-estar da família, como afirmava São João Paulo II ao enfatizar a comunhão, a compreensão e a abertura à vida, fornecendo elementos para um ambiente saudável de educação dos filhos e um caminho de amadurecimento dos esposos. Como membro de uma família, constituída pelos laços do matrimônio, o diácono testemunha com sua vida o ideal desse sacramento, respeitando sua esposa, educando carinhosamente seus filhos, exercendo a "diaconia doméstica", valorizando os momentos comuns dos que vivem em sua casa. De modo algum o ministério pode suplantar a convivência familiar do diácono, mas a complementa, oferecendo ferramentas cada vez mais aprimoradas para o caminho de amadurecimento que todo casal se propõe a trilhar quando contrai as núpcias.[2]

No que se refere ao sacramento da ordem, o diácono deve vivê-lo como um servidor. Tal como é típico de sua identidade e lhe é conferido em virtude de seu ministério, o diácono é ordenado para o serviço, para a caridade, para o cuidado com os mais necessitados e para acompanhar a comunidade cristã. O diácono vive bem o sacramento da ordem quando assimila os valores do Evangelho em cada ação que se propõe a realizar e em cada espaço que ocupa em sua vida. Sendo um sacramento indelével, a ordem cumula o diácono de uma

---

2 JOÃO PAULO II. Exortação Apostólica *Familiaris Consortio*. São Paulo: Paulinas, 2021, n.17ss.

identidade que precisa ser testemunhada no trabalho, na família e no lazer. Não há uma dicotomia entre ser diácono na Igreja e a vida exterior a ela. Do mesmo modo, não existe uma dicotomia entre o ser padre na paróquia e os demais lugares sociais que frequenta. É preciso resgatar uma compreensão de integralidade que decorre do próprio sacramento. O sacramento unifica, não divide.[3]

É possível salientar que a experiência sacramental, que vai amadurecendo ao longo do tempo e da vida cristã, gera uma identidade a ser vivida, que nasce da compreensão do sacramento como concretização da graça de Deus na vida de cada batizado. Os sacramentos formam a vida cristã e lhe conferem novos horizontes, capazes de captar na realidade uma presença sempre misteriosa e ativa de Deus. Os sacramentos, especialmente o sacramento da ordem, exigem daqueles que os recebem o compromisso de se tornarem eles mesmos presença sacramental do Cristo no serviço, na acolhida e na diaconia a que todos são chamados em primeiro lugar. A sacramentalidade do testemunho de vida dos diáconos, refletida em sua convivência familiar e no seu auxílio à comunidade cristã, acompanha todo o desenvolvimento de sua vida espiritual e aponta para a perfeição a que todos são chamados em Cristo: "o diácono, ao lado da família, exerce um ministério de que tem os olhos abertos, de quem está atento aos marginalizados e, assim, ajuda a acordar a comunidade, ampliando seu conceito quando alerta para o fato de que, fora do círculo de pessoas próximas, existem pessoas que devem ser incluídas na comunidade".[4]

---

[3] JOÃO PAULO II. Exortação Apostólica *Pastoris Dabo Vobis*. São Paulo: Paulinas, 2017, n. 24-33.

[4] COSTA, E. Teologia do diaconato permanente: sacramento do Cristo servidor. Curitiba: Editora Inter Saberes, 2023, p. 133.

8 O PAPEL DA FAMÍLIA NO CONTEXTO DO MINISTÉRIO DIACONAL

As discussões a respeito da família se ampliaram de modo expressivo nos últimos anos. As novas circunstâncias sociais, políticas e culturais propiciam um terreno fértil para o debate sobre as concepções tradicionais de família e as novas constelações familiares que emergem de uma cultura em transformação. Sabe-se que a família tradicional tem sido ressignificada a partir de novas bases, muitas vezes, contraditórias ao ensinamento da Igreja. As discussões pertinentes à família e seu ordenamento moral não podem fechar as portas da comunidade eclesial. Em todo caso, vale aquilo que o papa Francisco tem elucidado como projeto: uma Igreja misericordiosa e uma reflexão moral que se fundamentem na prática pastoral.

Antes, porém, de uma reflexão atualizada sobre a questão familiar, é preciso considerar aquilo que a Igreja compreende por "família", sua configuração e missão. O documento fundamental sobre a família cristã foi elaborado por São João Paulo II: a exortação apostólica *Familiaris Consortio*, a partir da qual se reconhecem os estrados básicos da compreensão eclesial da família como "célula vital da sociedade".[1] A família, em uma

---

[1] JOÃO PAULO II. Exortação Apostólica *Familiaris Consortio*. São Paulo: Paulinas, 2021, n. 42.

compreensão eclesial mais doutrinária, apresenta-se como um valor precioso da sociedade diante da qual a Igreja deve dedicar especial atenção, lançando luzes sobre a situação atual da família e propondo insistentemente os valores cristãos de orientação familiar. Na visão de São João Paulo II, a família se fundamenta no amor, uma vez que, nascida da união regulamentada entre o esposo e a esposa, o amor humano aberto à vida compreende-se como sinal sacramental do amor divino. Há, portanto, no matrimônio, na sexualidade, na formação de uma família, uma ideia de comunhão que, de uma forma ou outra, reflete a comunhão de Deus com a humanidade.[2]

A família, sob esta perspectiva, possui uma inserção e uma missão na história da salvação, pois sendo sacramento de comunhão e sinal do amor de Deus para com a humanidade, torna presente o mistério divino no mundo por sua ação e seu testemunho. Para o papa São João Paulo II, existem algumas características da vida familiar que expressam de modo significativo a pertença e a missão da família na história de salvação. Segundo ele, a comunhão, o respeito à mulher, a convivência social que dela emana, como também a transmissão da vida, a educação e a participação na própria constituição social, fazem da família uma instituição sagrada, cujo valor não pode ser relativizado. Tal visão, muitas vezes dura em torno da moral familiar, criou tensões no interior da Igreja e, em vez de defender os valores cristãos, acabou fechando a porta para muitas famílias que, por motivos diversos, não conseguiram cumprir moralmente a proposta da Igreja.

Diante dessa situação, o papa Francisco faz uma nova proposta. Há um novo olhar sobre a família a partir de uma pers-

---

[2] JOÃO PAULO II. Exortação Apostólica *Familiaris Consortio*. São Paulo: Paulinas, 2021, n. 11-15.

pectiva mais pastoral do que doutrinária. A primeira observação que o papa Francisco dirige à moral eclesiástica é o risco de um rigorismo. Por várias vezes, o pontífice afirmou que o rigor moral afasta as pessoas da misericórdia e do amor de Deus, especialmente quando toca as questões sexuais e familiares. Tanto o rigorismo quanto o legalismo moral, na visão de Francisco, colidem com sua proposta eclesiológica sinodal, acolhedora, democrática e humilde. O papa Francisco insiste em contrapor o rigorismo moral à opção fundamental, que deve ser desenvolvida levando em consideração os inúmeros fatores que implicam as escolhas, opções e os comportamentos de cada indivíduo imerso em sua própria situação. Há na proposta do papa Francisco a necessidade constante de discernimento, análise e compreensão das muitas situações que acompanham as pessoas e as famílias, especialmente no que diz respeito à sexualidade, ao matrimônio e à constituição familiar.[3]

É precisamente desse novo olhar sobre a família que a Igreja precisa se alimentar na contemporaneidade para não se fechar em si mesma e tornar o diálogo inviável. A palavra da Igreja não pode ser inflexível. Sem perder os elementos centrais de sua doutrina imutável, ela não pode se arrogar o direito de deter a totalidade da verdade, isto é, de realizar juízos e fazer propostas absolutamente imutáveis. O papa Francisco propõe uma teologia familiar que dê voz à prática, que leve em consideração o agir pastoral enquanto ação evangelizadora de saída, capaz de colocar a Igreja em contato com a realidade em sua nudez e radicalidade. Nesse sentido,

---

[3] BEUNO, F. S. Entre o rigorismo moral e a flexibilidade pneumatológica: a formação sacerdotal segundo Francisco. In: Zacharias, R.; Millen, M. I.: A moral do Papa Francisco: um projeto a partir dos descartados. Aparecida: Editora Santuário, 2020, p. 257-282.

partindo do conceito de caridade pastoral, o Papa tem proposto uma ressignificação da compreensão de família em função da acolhida, do perdão, do acompanhamento e do discernimento de cada caso para que ninguém se sinta excluído do direito de participar da Igreja.[4]

Hoje, muito se tem incentivado um retorno às prescrições morais antigas. Muito se tem falado de uma fragilidade doutrinária a partir da qual a Igreja se afasta da verdade. Portanto, é preciso conclamar o povo fiel para restaurar os elementos da tradição que o modernismo se empenhou em desestruturar. Há uma crítica incisiva, de modo muito evidente, à própria teologia proposta pelo Concílio Vaticano II e à prática que dela deriva. Esse movimento reacionário, cada vez mais duro e barulhento, tem reagido de modo muito violento à proposta do papa Francisco, especialmente ao que foi elaborado na *Amoris Laetitia* e na *Fiducia Supplicans*. O discurso de reação violenta a esses documentos, infelizmente, propaga-se de modo muito rápido nos meios de comunicação, produzindo uma série de opiniões vagas a respeito do assunto.[5]

O diácono, como ministro da Igreja, prestará especial atenção a esses discursos para que não se deixe levar por todo vento de doutrina que tão mal faz à Igreja. O diácono caminha com a Igreja e assume com ela as propostas pastorais atuais. Há uma exigência de comunhão que o diácono deve respeitar,

---

[4] ZACHARIAS, R. Repensando a Moral Sexual: uma leitura da sexualidade à luz dos fundamentos da moralidade propostos por Francisco. In: Zacharias, R.; Millen, M. I.: A moral do Papa Francisco: um projeto a partir dos descartados. Aparecida: Editora Santuário, 2020, p. 283-329.

[5] ESPONTON, C.H. O discurso reacionário dos católicos em relação à Declaração Pastoral *Fiducia Supplicans*. In: Anais do Religiocom: Congresso Internacional de Comunicação e Religiões. Engenheiro Coelho (SP), UNASP, 2024. Disponível em: www.even3.com.br/anais/religiocom2024.

se quiser cumprir seu ministério com segurança, fidelidade e eficácia. A comunhão com a Igreja – teológica e pastoral – reflete um valor típico da vivência familiar que todos os diáconos carregarão consigo: a convivência pacífica entre os membros da família. Com este valor fundamental que reflete todo o exercício do ministério diaconal, é também no seio da família que o diácono aprenderá acolher quem precisa, auxiliar nos trabalhos domésticos, cuidar dos mais frágeis, ser respeitoso com todos e alimentar uma atenção especial para que nada falte a ninguém. É a experiência familiar que oferece ao diácono as chaves para um ministério que se compreende mais profundamente do que uma função. Na família não há funções, mas há consciência de que todos formam um corpo orgânico que precisa ser alimentado, cuidado e zelado, tal como a comunidade eclesial.

A experiência familiar, de certa maneira, é uma experiência espiritual a partir da qual a ação evangelizadora adquire significado mais profundo e horizontes mais amplos. Apenas evangeliza de modo eficaz aquele que assume para si a comunidade como extensão de sua família. A família de Cristo, da qual todos fazem parte, é o caminho por meio do qual o diácono descobrirá a essência de seu ministério como um ministério de cuidado, de acolhida e de empatia. É a vivência familiar e sua espiritualidade que nutrem constantemente o ministério diaconal como um ministério que vai além de sua simples expressão hierárquica. Em geral, toda Igreja deveria olhar atentamente para a família, em suas mais variadas configurações, para reaprender os valores fundamentais do Evangelho: o perdão, a paciência, a acolhida, a empatia, o respeito pelos demais, a convivência necessária e o cuidado com os fragilizados. O Evangelho pressupõe uma vivência familiar para sua compreensão. A Igreja, por sua vez, deveria sempre reavivar em sua memória tal vivência para que haja sentido em seu fazer pastoral.

O papel da família no ministério diaconal não é secundário, mas fonte a partir da qual os valores fundamentais no exercício do ministério se tornam evidentes. A partilha da mesa, por exemplo, é um costume familiar que educa todos os presentes para a diaconia. O cuidado da casa e dos filhos também é uma diaconia diária. A paciência e a caridade na convivência também fazem com que a vida cristã, em sua integridade, molde-se a certa concepção de serviço e santificação pessoal: "a primeira forma de diaconia e de caridade é a matrimonial e familiar, que acontece dentro do lar".[6] O diácono com sua família e com as famílias sob sua responsabilidade apontam para um ideal fundamental da Igreja: a fraternidade. É na fraternidade que se descobre a essência da Igreja, pois é nela que a caridade, o amor e o cuidado se tornam evidentes. Apenas na vivência de uma comunidade eclesial familiar é possível a frutificação de um ministério autêntico. O diácono permanente tem a firme convicção de que: "a família é um lugar sagrado, segundo as palavras de João Paulo II. A sacralidade da família é conferida pelo próprio Deus desde a criação. A criação do ser humano supõe a capacidade de relacionamento do homem e da mulher e sua vocação à comunhão de vida e de dons".[7]

---

[6] COSTA, E. Teologia do diaconato permanente: sacramento do Cristo servidor. Curitiba: Editora Inter Saberes, 2023, p. 132.

[7] CARVALHO, H. R., ESPONTON, C.H. Espiritualidade conjugal e familiar. São Paulo: Paulus, 2023, p. 12.

9 A ESPIRITUALIDADE QUE ANIMA E SUSTENTA O DIÁCONO PERMANENTE

A espiritualidade é um elemento fundamental da reflexão teológica. A vida espiritual constitui uma das dimensões da reflexão a respeito do ser cristão e da relação entre o ser humano e Deus mediante a profissão de fé. A retomada da espiritualidade como objeto de estudo teológico e sua constituição como uma disciplina própria da reflexão eclesial possibilitam que ela seja tomada como um aspecto importante e necessário para a vida da Igreja. Hoje, é consenso afirmar que a vida espiritual é a fonte a partir da qual a ação da Igreja ganha sentido. Porém, ao longo dos anos, dada a dissociação entre a espiritualidade e a teologia, a reflexão sobre a vida espiritual enfrentou graves preconceitos a ponto de sofrer certa marginalização na constituição da reflexão eclesial.[1]

Recuperado o lugar da espiritualidade na vida da Igreja, urge um olhar atento a essa dimensão para que não se caia em reflexões abstratas ou ingênuas. A espiritualidade se conjuga com uma série de outros elementos eclesiais, mas nunca pode ser confundida com eles. A espiritualidade não é moral, não é liturgia nem é dogmática. A espiritualidade é um aspecto da

---

[1] BERNARD, C.A. Introdução à teologia espiritual. São Paulo: Loyola, 1999, p. 13-23.

vida cristã que orbita no campo da experiência. Falar de espiritualidade é falar de uma experiência interior que, à medida que amadurece e é refletida, evidencia-se em ação exterior. Desta forma, uma reflexão adequada sobre a espiritualidade supõe clareza sobre a dialética constituinte da própria experiência espiritual, de sua interioridade e de sua exterioridade. Somadas a essa dialética da vida espiritual, apresentam-se também outras dimensões essenciais para compreender a espiritualidade cristã: o mistério Inefável de Deus e as vias para experimentá-lo e compreendê-lo.[2]

A espiritualidade, compreendida como uma experiência de Deus, refletida e amadurecida mediante caminhos e exercícios espirituais, coloca em evidência o pressuposto fundamental da fé cristã: Deus se experimenta. Aqui está o cerne da vida cristã enquanto uma vida radicada em Deus. Dirá o papa Bento XVI: "ao início do ser cristão, não há uma decisão ética ou uma grande ideia, mas o encontro com um acontecimento, com uma Pessoa que dá à vida um novo horizonte, e dessa forma, um rumo decisivo".[3] Esse aspecto pessoal de Deus, que se coloca em relação e que se permite encontrar com o humano, possibilita à espiritualidade cristã se fundamentar na experiência. É preciso olhar atentamente para o que se entende por experiência. Na história da mística e da espiritualidade cristã, experiência nem sempre foi um conceito claro. Fala-se muito de experiência de Deus, mas o que isso significa? Por vezes se pensou que experimentar Deus se reduzia a uma série de manifestações extraordinárias ou de acontecimentos extravagantes. Não! A experiência de Deus acontece na abertura do ser humano ao mistério. Há nele um desejo de Deus que o

---

2 Ibid. p. 25-39.

3 BENTO XVI. Carta Encíclica *Deus Caritas Est* sobre o amor cristão. São Paulo: Paulinas, 2021, n. 1.

coloca diante da possibilidade de uma relação com o mistério último de sua vida, capaz de lhe dar sentido e coerência. Nessa abertura, o ser humano já experimenta uma realidade que lhe transcende, que lhe aponta para uma dimensão mais profunda da existência.[4]

Na abertura ao mistério e no encontro com esse mistério, realiza-se a revelação, Deus. Enquanto ser misterioso e inefável, ele se mostra ao ser humano e estabelece com ele uma relação de amor. A revelação de Deus ao ser humano é a experiência fundamental da fé, dado que na revelação Deus transborda a si mesmo, deixando sua solidão e onipotência para estar em contínua relação de proximidade com suas criaturas. A revelação é o meio pelo qual Deus permite ser experimentado enquanto transbordamento constante de amor em direção aos outros. Em Jesus, plenitude da revelação do Pai, está a experiência mais radical de Deus: a encarnação. Deus se torna humano para que o ser humano possa vê-lo tal como ele é. O mistério de Deus se faz homem para permitir ao homem compreender melhor a face mais significativa de Deus.

Experimentar Deus é colocar-se diante dele, em uma postura de abertura íntima, de acolhida incondicional do mistério, que se achega pouco a pouco e se permite conhecer pelo ser humano. Há, na experiência de Deus, um envolvimento do ser humano em sua totalidade. Todas as suas dimensões são abraçadas pelo mistério que se aproxima. Toda a existência de uma pessoa que se vê diante do mistério de Deus reconfigura-se, não por imposição, mas por encantamento diante daquilo que lhe toca. A experiência de Deus é o encontro inefável entre o mistério santo e o ser humano em sua contingência. Pode-se considerar que a espiritualidade é o desenvolvimento racional

---

[4] RAHNER, K. Curso fundamental da fé. São Paulo: Paulus, 1989.

desse acontecimento fontal. A espiritualidade cristã é a visita e a compreensão paulatina desse encontro, cuja inefabilidade não permite que ele se esgote em tudo aquilo que possamos pensar, refletir e aprofundar.

É a partir da inefabilidade desse encontro entre Deus e o ser humano que se pode falar de espiritualidade como sustentáculo da vida cristã. Todo cristão que professa de modo maduro sua fé tem consciência de que crer em Deus está intimamente relacionado a experimentá-Lo como sentido, esperança ou mesmo companhia para a vida. Há na base da fé cristã um senso de proximidade de Deus em relação a nós e vice-versa. É precisamente essa proximidade que caracteriza a espiritualidade cristã que deve se tornar mais evidente naqueles que são chamados ao ministério ordenado em seus diversos graus. A resposta afirmativa ao chamado da Igreja para o serviço ordenado é resultado de um longo processo de amadurecimento e discernimento que nasce da proximidade de Deus que chama, sustenta e alimenta aquele que é escolhido. A vocação a um ministério se fundamenta na iniciativa de Deus que se dirige à pessoa em seu mais íntimo e a interpela. É dessa interpelação íntima, fruto da proximidade de Deus para com o sujeito, que se começa a história de uma vocação.

Amadurecida, a vocação ao ministério ordenado assume seu lugar na comunidade do povo de Deus. Esse lugar nunca é um lugar de poder, mas sempre de serviço, considerando que uma vocação adequadamente cultivada e discernida compreende sua identidade como um assemelhar-se a Jesus servidor. Em relação ao diaconato, essa identidade de serviço é ainda mais evidente, pois caracterizar o ministério está na base de toda a sua espiritualidade. Cabe dizer que o diaconato possui uma espiritualidade do serviço, uma espiritualidade da caridade. Uma espiritualidade da doação oblativa aos outros: a espiritualidade do diácono permanente tem de se manifestar "em seu jeito de ser, viver, falar, agir, celebrar. A espiritualidade do diácono permanente é um estilo de vida, transformado em ação cotidiana".[5]

No contexto da dialética da espiritualidade cristã, compreendendo-a como uma constante oscilação entre experiência interior e manifestação exterior, percebe-se que a experiência interior do diácono se relaciona com a experiência do serviço, do encontro com Deus no serviço prestado aos irmãos, especialmente aos mais necessitados. O diácono experimenta Deus no cuidado que ele exerce com os demais. Deus, que se revela no coração do diácono, é aquele que possui feições mais evidentes de cuidado, amor, proximidade, carinho e serviço desinteressado aos irmãos. A face de Deus, revelada de modo significativo aos diáconos, é aquela face mais bem compreendida e apresentada por Jesus. A ação de Jesus revela a presença desse Deus que ama, cuida e se aproxima.

O diácono que experimenta interiormente esse aspecto de Deus tal como Jesus é chamado a expressá-lo em sua ação concreta enquanto ministro da caridade. A experiência interior do Deus cuidador torna-se evidente no ministério do cuidado, da caridade, do amor, do serviço, que o diácono desempenha enquanto se reconhece chamado por Deus a essa missão.

O diácono que amadurece adequadamente sua vocação e a aprofunda espiritualmente, adquire a consciência de sua identidade. Adquire a convicção de que sua identidade está configurada em sua espiritualidade e que sua espiritualidade se espelha no modelo do Cristo servo. Esse caminho que se tri-

---

[5] CARVALHO, H. R., ESPONTON, H. C. Espiritualidade do ministro extraordinário da sagrada comunhão. São Paulo: Paulus, 2023, p. 23.

lha mediante a oração, a leitura orante da Bíblia, a meditação e a leitura espiritual, deve conduzir o diácono a ler sua vida e vocação sempre à luz do Cristo Servo, cuja identidade lhe foi conferida mediante a ordenação diaconal.

A espiritualidade que fundamenta o ministério do diácono é constituinte de sua própria identidade enquanto pessoa e ministro. Sendo um cristão que se abriu ao mistério de Deus que a ele se mostra como cuidador, servo e amor oblativo e incondicional, é também um ministro que respondeu ao chamado desse mesmo Deus para servir, em nome da Igreja e com a Igreja, ao povo de Deus, assumindo para si as feições do Cristo servo. Como em toda espiritualidade cristã, experiência de Deus e identidade pessoal se completam mediante o auxílio de um caminho espiritual de aprofundamento e compreensão. O diácono, como todo cristão, é chamado a revisitar constantemente seu encontro decisivo com o Senhor e a revivê-lo naquilo que se propôs a viver enquanto ministro ordenado para servir em nome do Cristo.

Cada atitude de um diácono, ministro do serviço e da caridade, deve estar amparada por uma consciência espiritual de que aquilo que ele realiza é a externalização de uma experiência muito mais profunda a partir da qual toda a sua vida foi marcada radicalmente. A experiência de Deus, que está no mais íntimo de seu ser, é evidenciada no exercício do ministério compreendido como serviço, oblação e manifestação da presença do próprio Deus que ama, cura e se compadece dos sofrimentos humanos, oferecendo-se para aliviá-los na pessoa do diácono. É preciso compreender que cada ação de um ministro ordenado é uma manifestação da experiência de Deus vivida por ele. O diácono não exerce seu ministério por simples compaixão humana nem em prol de um puro humanismo, mas sempre com a consciência de que no profundo de seu coração há um Deus que se manifesta mediante sua ação, que se aproxima dos outros por intermédio de sua presença, que se faz servidor por meio do serviço de seu ministro.

A espiritualidade do diácono permanente está em plena sintonia com a espiritualidade tipicamente diocesana, aquela vivida por meio da diocesaneidade. A diocesaneidade é a espiritualidade de todos os que compõem a diocese. É o espírito, o modo de a pessoa se apresentar ao mundo e à sociedade e agir de acordo com o jeito cristão de ser e de viver. No âmbito da diocesaneidade podemos compreender alguns elementos que lhe são constitutivos: o povo de Deus, formado pelos fiéis cristãos leigos e leigas, fiéis de vida religiosa consagrada, fiéis ordenados (diáconos, presbíteros e bispo); a territoriedade da diocese, que não é algo meramente geográfico, pois inclui o território, as culturas, a história, as pessoas, as características socioambientais, políticas, econômicas e religiosas; o modo de ser sinodal é outro elemento fundamental na compreensão da diocesaneidade. A sinodalidade, mais do que um substantivo ou adjetivo, é algo a ser realizado. É preciso sinodalizar a Igreja para que ela seja Igreja de fato.

No contexto da diocesaneidade, o amor incondicional do diácono permanente por sua diocese, sua dedicação e entrega aos planos e projetos pastorais são fundamentais para a vivência de sua espiritualidade. Sua diocese é terra santa e território sagrado. O diácono permanente ama sua comunidade paroquial como a melhor comunidade presente em sua diocese. Tem um profundo respeito e afeto filial para com seu bispo. Vive a fraternidade com os demais irmãos diáconos. Respeita e vive em comunhão com os presbíteros, particularmente seu pároco. Tem proximidade e respeito com os religiosos e as religiosas consagrados e com os seminaristas. O diácono permanente, na vivência de sua espiritualidade diocesana, não tem necessidade de copiar ou imitar espiritualidades de congregações, ordens, institutos ou comunidades de vida. Ele tem sua específica: a espiritualidade diocesana.

10 O DIACONATO E O SERVIÇO À PALAVRA

A Palavra de Deus é um dos temas mais significativos para a reflexão teológica e eclesiológica desde o Concílio Vaticano II. Recuperando o modo de fazer teologia dos primeiros padres da Igreja, o Concílio Vaticano II recolocou a Palavra de Deus como elemento central na vida eclesial, em sua reflexão e, também, em sua ação evangelizadora. A ação pastoral e a reflexão teológica encontram seus fundamentos últimos na Palavra de Deus. Há uma tentação de reduzir a Palavra à Escritura ou então de reduzir a Palavra à leitura do magistério e da tradição a respeito do que foi revelado. Urge, especialmente para aqueles que exercem o ministério do serviço na comunidade, compreender a relação entre Palavra e Revelação, tal como expressou significativamente o Concílio.

Espera-se que os diáconos pregadores da Palavra, anunciadores do Evangelho, tanto na liturgia quanto em sua opção de vida e em seu ministério, tenham uma espiritualidade fundamentada na Palavra de Deus. Essa compreendida não apenas como texto escrito ou interpretado, mas como Palavra viva, a partir da qual a Igreja encontra sentido, coesão e organização. Partindo da relação entre Palavra e Revelação, pode-se compreender que a Palavra de Deus é a materialização da experiência que nasce do ato revelador ao longo da história. Deus se revela ao ser humano, permitindo que experimente a realidade divina que a ele se apresenta. Tal experiência, dotada de um caráter inefável, assume as mediações históricas e sociais para que possa ser compreendida. É dessa intelecção da experiência (Revelação) que nasce a Palavra de Deus enquanto Palavra escrita.[1]

A Palavra escrita é resultado de uma experiência que questiona o ser humano a uma relação com o mistério. A Palavra de Deus, enquanto autocomunicação de Deus ao homem, mais do que um simples se dirigir verbalmente aos seres humanos, é uma Palavra que interpela radicalmente a pessoa e a convida à resposta existencial, intelectual e fiducial. Nesse sentido, a Palavra de Deus possui uma vitalidade que não se esgota em sua constante leitura e interpretação, mas que se evidencia no tocar existencial dessa Palavra. O ser humano, aberto à transcendência divina, por obra e graça do próprio Deus que lhe quer capaz de reconhecer sua presença divina, confere assentimento fiducial ao mistério que se mostra em sua dicotomia divina de absoluta transcendência e radical incidência na imanência.[2]

A linguagem complexa da teologia de Karl Rahner se traduz em noções muito práticas e diretamente implicantes na própria vivência pastoral. É preciso que se perceba no ser humano uma abertura existencial a Deus. O Catecismo da Igreja Católica compreende essa afirmação sob o axioma: o homem é capaz de Deus. Isso significa que, naturalmente, homens e mulheres possuem um senso de transcendência e de infinitu-

---

[1] QUEIRUGA, A. Repensar a Revelação. São Paulo: Paulinas, 2010, p. 32-38.

[2] RAHNER, K. Curso fundamental da fé. São Paulo: Paulus, 1989, p. 26-84.

de que sempre os coloca diante da possibilidade de ir além. Essa abertura não se encontra com o vazio, mas com um Deus pessoal que dirige a Palavra ao ser humano e o chama à experiência radical do amor, da acolhida e da misericórdia. O ser humano não está sozinho diante de suas angústias e seus anseios existenciais. Diante dele sempre está Deus. O ser humano que se encontra com Deus é interpelado existencialmente ao encontro amoroso, comparado biblicamente ao encontro do homem e da mulher em sua noite de núpcias. O encontro com Deus é tão íntimo e profundo que analogicamente a própria tradição espiritual ocidental o descreve em linguagem erótica. É um encontro de amor apaixonado, dirá o poema medieval: "então um abençoado silêncio que ambos desejam vem sobre eles. Ele [Cristo] se dá a ela [alma]. Ela se dá a ele. O que então acontece com ela – ela sabe e isso é bom para mim".[3]

O encontro amoroso entre a alma e o Cristo que lhe visita é a chave para compreender a Palavra de Deus que vem ao encontro do ser humano. A Palavra que Deus dirige a cada ser humano é sempre uma Palavra a partir da qual ele é chamado a renovar sua vida. É um chamado radical a um novo olhar sobre si mesmo e sobre o mundo no qual se insere. A força da Palavra é também uma força de anúncio. Aquilo que o papa Francisco exorta constantemente quando afirma que o amor, que se encontra em Cristo e com o qual somos amados, impele-nos a irmos e anunciarmos, a não guardar para nós aquilo que recebemos.[4]

O diácono é chamado a realizar com empenho e profundidade a Palavra de Deus experimentada no interior da alma.

---

[3] MAGDERBURGO, M. Apud: McGinn, B. O florescimento da mística. São Paulo: Paulus, 2017, p. 353.

[4] FRANCISCO. Exortação Apostólica *Evangelii Gaudium* sobre o anúncio do evangelho no mundo atual. São Paulo: Paulus, 2013, n. 264.

Antes de ser objeto de uma intelecção teológica, a Palavra de Deus é uma experiência de encontro radical com esse Deus que vem à humanidade e lhe dirige um chamado ao amor no mais profundo do ser. O encontro com a Palavra é um encontro com o próprio Deus, que não se fecha sobre si mesmo, mas escolhe a relação, o encontro, o diálogo como forma de melhor expressar sua divindade. A Palavra de Deus coloca o ser humano diante de uma realidade divina que não cessa de transbordar em função dos outros. É esse transbordar da Palavra, em função dos outros, que confere sentido ao ministério do anúncio do Evangelho tal como o diácono o vivencia na liturgia. Se a plenitude da Palavra é Cristo, também o anúncio do Evangelho é a plenitude do amor de Deus que se dá aos homens como proposta de salvação. O anúncio do Evangelho materializa a força salvífica de Deus que, adentrando a história humana, salva e continua a salvar os seres humanos mediante a ação de Jesus continuada na Igreja.[5]

Essa Palavra, que é anunciada pelo diácono na liturgia, encontra espaço de verdadeira interpretação e ação na vida pastoral de uma comunidade. O Evangelho é uma realidade viva que se concretiza no contato com as multidões. O papa Francisco convida toda a Igreja a assumir um protagonismo no anúncio da salvação não apenas na pregação, mas no encontro com os demais.[6] A salvação não é uma doutrina intelectualmente imposta, mas uma experiência que sempre passa pela relação de amor que se estabelece entre a Igreja e aqueles que precisam ser amados. É no amor aos outros que a Palavra se torna serviço, torna-se gesto de revelação divina.

---

[5] FORTE, B. Teologia da História: Ensaio sobre a revelação, o início e a consumação. São Paulo: Paulus, 1995, p.131-146.

[6] FRANCISCO. Exortação Apostólica *Evangelii Gaudium* sobre o anúncio do evangelho no mundo atual. São Paulo: Paulus, 2013, n. 24.

O anúncio da Palavra e sua prática no ministério do serviço supõem, por parte do diácono, uma leitura atenta dos textos bíblicos, uma meditação acirrada e disciplinada da Sagrada Escritura, como também um olhar atento à revelação de Deus que se dá na história, especialmente nos aspectos surpreendentes dessa revelação evidenciados sempre nas margens da sociedade e da própria Igreja. Existe uma continuidade significativa entre a Palavra anunciada e a Palavra descoberta e experimentada nas realidades complexas da vida. A revelação de Deus e sua incidência na história se entrelaçam naquilo que é anunciado pelo diácono e naquilo que é vivido em sua atividade pastoral. É na Palavra anunciada e na Palavra descoberta no cotidiano da vida que o diácono encontra os fundamentos para o exercício de seu ministério com a autenticidade que dele se exige.

A Palavra de Deus, à qual o diácono presta sua diaconia, não é somente uma Palavra anunciada na liturgia, mas é uma palavra que se torna concreta experiência de revelação no cuidado que se tem com os pobres, sofredores e doentes e no atendimento a sua comunidade paroquial. No ministério da Igreja, enquanto ministério que serve aos que mais precisam, especialmente na pessoa do diácono, a Palavra de Deus encontra sua concretização na história como palavra de salvação. A salvação, que vem de Deus para a história, na pessoa de Cristo – Palavra revelada do Pai –, faz com que o diácono, representante do Cristo Servo de Deus, seja o canal pelo qual a salvação, o cuidado e a misericórdia encontram espaço no mundo dilacerado.

11 O DIACONATO E O SERVIÇO AO ALTAR

A liturgia possui um lugar significativo na vida da Igreja. O Concílio Vaticano II considera a liturgia "fonte e ápice de toda vida da Igreja". É na liturgia celebrada pela comunidade reunida que a Igreja reconhece seu verdadeiro rosto e sua identidade,[1] também sua identidade eucarística. A celebração da liturgia, compreendida como um culto da Igreja no qual a assembleia reunida reconhece a Deus e a si mesma, é o lugar privilegiado do encontro do povo de Deus com seu Senhor. Uma espiritualidade madura e profunda leva em consideração a liturgia como o momento mais significativo de relação com o Senhor, pois nela o próprio Senhor se dá nas espécies eucarísticas em favor de seu povo.

Os muitos debates atuais a respeito da liturgia, especialmente os que ocorrem nos meios clericais, têm desconsiderado, às vezes, a natureza da celebração e sua função eclesiológica. A liturgia não é um retrato daqueles que presidem a ação litúrgica, mas é a função de toda a Igreja que cultua o Senhor e, ritualmente, permite que ele se faça presente e reconhecível. A liturgia, quando devidamente compreendida, não se

---

[1] VATICANO II. Constituição *Sacrosanctum Concilium* sobre a Sagrada Liturgia. São Paulo: Paulus, 1997, n. 10.

reduz a gostos pessoais. Ela é pensada à luz da eclesiologia à qual serve de expressão. Uma eclesiologia do povo de Deus, tal como pedida pelo Concílio Vaticano II, supõe uma liturgia que expresse a comunhão, a participação ativa e frutuosa, a diversidade de dons e carismas que animam a comunidade eclesial. A eclesiologia conciliar pede uma expressividade mais comunitária do que sacrifical, mais fraternal do que teatral, mais amistosa do que formal.

Apesar de os novos acentos que o Concílio conferiu à ação litúrgica, isso não significa que ela deva ser celebrada sem levar em consideração as normas e os costumes da Igreja.[2] Há uma universalidade da celebração litúrgica que expressa a universalidade da Igreja e da salvação por ela anunciada. Por isso a ritualidade da liturgia não pode ser esquecida em nome de uma visão pessoal dela. A liturgia, sendo um gesto da Igreja, supõe uma comunhão ritual e gestual na qual toda a universalidade da comunidade seja percebida. Os agentes da celebração litúrgica – bispos, padres, diáconos, ministros e povo – não podem sobrepor sua vontade à universalidade ritual da Igreja.

Isso não significa que a comunidade seja obrigada a celebrar de modo imutável e abstrato. Cada comunidade, tendo consciência de seu lugar e de seus direitos no conjunto da Igreja universal, pode e deve preparar de modo significativo a ritualidade litúrgica que melhor expresse aquilo que experimenta em sua realidade. Há sempre uma tensão complementar entre a proposta ritual da liturgia eclesial e sua encarnação nas mais diversas culturas e realidades. O diácono é uma figura elementar nesse processo de encarnação da liturgia nas diversas realidades do mundo. Por ser servidor da Igreja, ministro

---

[2] Ibid. n. 26.

da Palavra, liderança comunitária, é o primeiro a compreender os ritos eclesiais e traduzi-los em favor do povo, para que esse possa celebrar e se educar na arte da celebração. [3]

A *Ars Celebrandi* (arte de celebrar), como era chamada por Bento XVI, o espírito com o qual se deve celebrar a liturgia, é um elemento fundamental para compreender a espiritualidade e o serviço diaconal ao altar.[4] O diácono é aquele que, segundo a tradição antiga da Igreja, sempre está próximo ao altar na liturgia e exerce uma função de auxiliar, organizar e cuidar dos vasos sagrados, como também de auxiliar no próprio ato ritual. Talvez na Igreja do Oriente, em que o diaconato preservou sua forma primitiva por muito mais tempo, seja mais clara a função e a participação do diácono no desenvolvimento da oração litúrgica. O diácono, no Oriente, exerce amplas funções no culto divino, sendo uma figura muito mais presente do que os diáconos ocidentais, cuja participação na liturgia é silenciosa, discreta e ritualmente restrita.

Entretanto, sabe-se que além da função litúrgica do altar, o diácono, especialmente no Brasil e em países mais pobres, possui também a função da presidência e da administração de uma comunidade. Na ausência do presbítero, em paróquias com grande número de comunidades, o diácono é responsável por presidir a celebração dominical. O diácono que preside a assembleia litúrgica, diferentemente do presbítero, não realiza o memorial eucarístico, mas se dedica a celebrar e anunciar a Palavra. Essa Palavra anunciada pelo diácono é também vivida na comunidade e na própria celebração dominical. Porém, para que o momento da Palavra seja pleno, é preciso que o diácono tenha preparado, rezado e refletido a respeito de sua

3 Ibid. n. 37-42.

4 CNBB. A Arte de Celebrar: Guia Pastoral. Brasília. Edições CNBB, Coleção vida e liturgia da Igreja, 2015, p. 17-21.

função e de sua responsabilidade perante o povo de Deus chamado a celebrar. É imprescindível que a celebração da Palavra de Deus, quando presidida pelo diácono, seja profunda, orante, significativa e, para tal, deve o diácono se exercitar na arte de celebrar, para que o gesto exterior retrate com fidelidade a atitude interior.[5]

Mesmo quando o diácono não preside, mas participa da celebração, exercendo seu ministério com a assembleia, a arte de celebrar que dele se espera deve denotar uma maturidade espiritual que enxerga na liturgia uma verdadeira forma de encontro com o Cristo. Enquanto servidor da Palavra e da Eucaristia, o ministério do diácono encontra na liturgia um espaço privilegiado de configuração da vida ao que ali é celebrado. Já na ordenação se pede que exista uma conformação da vida ao que se celebra e anuncia de modo que não haja dicotomia entre aquilo que se crê e se celebra com aquilo que se vive em seu coração. O coração orante, espiritual e devoto do diácono coloca-o em íntima relação com a celebração litúrgica, cujo ápice é a Eucaristia, expressão de um amor que se entrega e que se vive em comunidade.

O diácono, desta forma, trilha um caminho interior de aprofundamento e gradual compreensão de que seu ministério encontra no altar seu significado mais radical. O doar-se do Cristo eucarístico sobre o altar é o paradigma, o ato modelar que fundamenta e inspira o doar-se de cada cristão em favor dos muitos homens e muitas mulheres que mais necessitam. O doar-se eucarístico de Cristo no altar coloca o diácono diante de sua identidade mais profunda, pois, como membro ordenado da comunidade para o serviço, sua vida toda, deve ser uma vida

---

[5] CNBB. Celebração da Palavra de Deus. São Paulo: Paulus, 1995, n. 1-7.

de entrega, tal como se pode ver no partir do pão eucarístico. O diaconato, como ministério do serviço e do cuidado com os outros, encontra no altar o sentido de sua vocação: a doação.

A relação entre o diácono e o serviço do altar não é apenas uma relação simbólica, na qual o diácono é chamado a preparar o altar, mas é a expressão de uma identidade. O diácono que prepara a mesa, que coloca os vasos para que todos possam se alimentar, que distribui a Eucaristia, que preside a comunidade em caso de necessidade, que anuncia a Palavra, é o servo de Cristo que encontra na liturgia a expressão exterior e sacramental daquilo que ele mesmo experimenta interiormente. O serviço do altar é a sacramentalidade do ministério diaconal que liga o diácono a Cristo nos sacramentos e o impulsiona a encontrá-lo no serviço aos irmãos.

12 O DIACONATO E O SERVIÇO À CARIDADE

Deus Caritas Est. Com essas palavras, o papa Bento XVI intitula uma de suas encíclicas mais significativas. Tomando-as de 1Jo 4,16, Bento XVI afirma que a centralidade da fé cristã está na relação íntima com Deus, que se manifesta como amor. Para Bento XVI, o amor de Deus é o que fundamenta a fé cristã e lhe confere identidade. Ele enfatiza sempre que a consciência desse amor, o qual cada cristão é convidado a corresponder, nasce de uma experiência que confere um novo sentido à vida. A experiência do amor de Deus permite que cada cristão encontre horizontes mais amplos para pensar sua própria vida, redescobrir o sentido último das coisas e confiar-se ao mistério. É precisamente essa experiência do amor a Deus que dá sentido e presença no mundo contemporâneo, expressando a vitalidade da fé que se transmuta em serviço amoroso aos irmãos e às irmãs.

Retomando a tripartição grega do amor em *filia, eros* e *ágape*, Bento XVI propõe um aprofundamento da consciência cristã a respeito do sentido mais profundo do amor. Em uma sociedade em que o amor, em seu sentido profundo, tem sido desvalorizado e substituído por vivências efêmeras, um olhar perspicaz sobre essa experiência revela uma nova face do amor que pode ser redescoberta: sua multidimensionalidade, suas muitas faces que se complementam. A complementaridade das muitas faces do amor se dá mediante um caminho de purificação, ascese, compreensão mais afinada da experiência. Isso permite que aquele que ama chegue à conclusão de que amar é um relacionar-se gratuitamente com os outros, que o amor se insere na lógica da doação, da gratuidade, do dom.

A concepção do amor como gratuidade e dom está presente de modo privilegiado na fé bíblica. A revelação de Deus, desde a criação até a plenitude em Jesus Cristo, fundamenta-se na lógica de um amor que se doa e se abre à relação. Deus de Israel, tal como testemunhado na Bíblia e na experiência espiritual dos israelitas, é Deus que ama. A experiência dessa relação de amor com Deus se expressa significativamente na linguagem profética. Os profetas de Israel evidenciam a paixão de Deus por seu povo e as vicissitudes sobre as quais esse amor se constrói. O amor apaixonado de Deus por Israel é um amor fiel, ciumento, compassivo. É o amor que nasce de uma lógica em que o outro, mesmo em sua fragilidade, é importante e não pode ser abandonado. Esse amor fiel, expresso na aliança com Israel, manifesta-se plenamente em Jesus Cristo. Na encarnação, o amor de Deus é radical, transcende quaisquer limites que a razão humana pode compreender. Em Jesus Cristo, por meio de sua vida e de sua páscoa, o amor de Deus se torna uma experiência concreta que toca o ser humano em seu cerne mais profundo: "Por meio do ministério da caridade, o diácono encontra a singular e privilegiada maneira de configurar-se ao Cristo Servo, essência de sua identidade sacramental, e, assim, aproximar-se das necessidades espirituais e materiais das pessoas".[1]

O amor de Deus manifesto em Jesus Cristo é o cerne da experiência cristã do amor. Nesse sentido, a experiência cristã de Deus se traduz na compreensão adequada da manifestação de Deus em Jesus. Compreender Deus, a partir da ótica cristã, impele a um olhar direto à vida, obra e palavra de Jesus. É nele que Deus se manifesta sem nenhuma reserva. Urge, portanto, questionar: o que é o amor para Jesus? Como o amor se manifesta por meio dele? Tais questões estão na base das narrativas bíblicas e da teologia. Muito se escreveu sobre o amor de Deus manifesto em Jesus, no entanto as respostas muito elaboradas correm o risco de perderem sua centralidade. Por isso olhar para o cerne da questão faz com que se evidencie um aspecto: Jesus revela Deus presente no meio de seu povo.[2]

A presença de Deus no meio de seu povo, antes de ser anunciada por Jesus, é vivida e manifestada concretamente. Jesus ama de modo irrestrito. Jesus coloca fim aos limites divisórios da lei para que todos possam se sentir destinatários do amor divino. O amor de Deus, presente nos atos de Jesus, é um amor misericordioso, que nasce das entranhas e concretiza-se na acolhida, no perdão, na proximidade com os marginalizados. É esse amor de Deus presente em Jesus que o cristianismo é chamado a colocar no centro de sua prática. Jesus, sendo Deus, colocando-se em relação com os demais, abrindo-se aos pecadores e pobres, acolhendo, curando e salvando a todos, torna-se a manifestação privilegiada do próprio ser de Deus,

---

1 COSTA, E. Teologia do diaconato permanente: sacramento do Cristo Servidor. Curitiba: Editora Inter Saberes, 2023, p. 157.

2 BOFF, L. Experimentar Deus: a transparência de todas as coisas. Petrópolis: Vozes, 2012, p. 93.

da relação amorosa da Trindade, que transborda a si mesma e se concretiza no meio da humanidade.[3]

Há de se perceber aqui que o ápice da fé cristã e sua novidade se relacionam de modo muito significativo com o amor. A Trindade é um mistério de amor. A ação de Jesus se fundamenta no amor infinito de Deus pela humanidade e o manifesta. A experiência de Deus que cada cristão é chamado a realizar é sempre uma experiência que nasce do amor. A fé cristã torna presente no mundo, de modo muito concreto, o amor que lhe dá base. Essa concretização do amor no mundo se denomina caridade. A caridade é a virtude, o conceito e a ação que melhor sintetizam a experiência do amor radical que está no centro da vida cristã. A caridade torna a fé cristã algo concreto e palpável para o mundo, tal como Deus mesmo se faz em Jesus. É a caridade que confere, em linguagem filosófica, corporeidade à proposta cristã. É na caridade que a mensagem cristã se torna efetiva presença do Reino no meio do mundo.

A caridade é a virtude por meio da qual o cristianismo se concretiza no mundo. Aqueles que são chamados ao ministério ordenado são especialmente encarregados de exercitar-se espiritualmente para a prática de uma caridade perfeita. Os ministros ordenados possuem uma marca ontológica, cravada no mais profundo de seu ser, que lhes confere uma identidade radicada no amor de Cristo que deve transparecer por meio deles. Assim, o diácono, visto como ministro dedicado ao serviço caritativo, como lhe consagra a tradição da Igreja, encontra na caridade cristã o sentido de seu ministério. A longa tradição da Igreja consagra a diaconia como um serviço de caridade para com os outros, evidenciando a própria atuação de Jesus como diácono, como aquele que serve caridosamente os irmãos.

---

3 Ibid. p. 99-110.

Estevão e Lourenço também são diáconos conhecidos por sua postura caritativa de serviço aos irmãos, tornando-se presença manifesta de Jesus em sua missão. Os diáconos possuem uma ligação muito estreita entre o exercício de seu ministério e a caridade cristã a que conferem concretude.

A caridade exercida pelo diácono possui muitas faces. O ministério do diaconato, radicado na caridade como identidade espiritual, supõe que ela se manifeste de forma diversificada nas muitas funções que o diácono exerceu ou é chamado a exercer ao longo da história. Seja como auxiliar do bispo no cuidado com uma comunidade, seja no atendimento aos pobres e sofredores, seja na pregação da palavra ou na distribuição da eucaristia, os diáconos são chamados a manifestar a caridade de Cristo como amor doado em cada uma das funções que são chamados a exercer. A caridade deve transparecer como a identidade que alimenta e torna fecundo seu ministério. É na caridade que se radica a vida e o ministério diaconal, uma vez que, fazendo as vezes do Cristo servidor, o diácono é motivado por esse amor oblativo, que se traduz no serviço caridoso em suas múltiplas manifestações.[4]

A relação entre o ministério do diaconato e a caridade é uma relação espiritual e identitária. A caridade constitui um elemento fundamental na espiritualidade do diácono e lhe forja uma identidade que deve transparecer em todo o seu ministério. À luz da caridade, como expressão do amor de Deus que se manifesta na história da humanidade, cada diácono é chamado a viver o serviço gratuito e oblativo como manifestação do próprio Cristo, que se encarna continuamente na história com sua proposta de salvação. Tal concepção do amor de Cristo que

---

4 ROCHA, I. Ministério Diaconal: história e teologia. São Paulo: Paulus, 2020, p. 235-246.

se presentifica na história pode ser percebida de modo muito significativo no sacramento da Eucaristia, em cuja celebração o diácono possui a função do serviço à mesa, na qual o pão é partido e dado como dom à comunidade que celebra. Ressalta o papa Bento XVI que é na Eucaristia que a vida cristã adquire novo sentido: celebrado o culto como agradecimento ao dom de Deus à humanidade, cada cristão é chamado a concretizar essa disposição interior em ação exterior, em modo de vida.[5]

Os diáconos, representantes privilegiados desta identidade construída a partir da caridade e para a caridade, alimentada no banquete eucarístico e iluminada pela Palavra, são constantemente chamados a exercer seu ministério em íntima relação com a caridade cristã, enquanto fundamento de seu ser e agir. Cada diácono, compreendido como servidor da Igreja, é um instrumento por meio do qual a caridade do próprio Deus se torna presente na história. Sendo um ministério eclesial, o diaconato participa da missão da Igreja de tornar o Reino uma realidade no mundo. Sendo identificado por seu caráter caritativo, o diácono torna-se expressão privilegiada da caridade divina que dá sentido ao Reino presentificado pela Igreja. É o diácono quem traduz de maneira muito especial o amor que embasa e confere significado à missão da Igreja: "mais do que um agente da caridade, o diácono deve ser um educador para a caridade porque, em suas palavras e, de modo especial, em seus exemplos, atrairá outros fiéis para que sigam o modelo de Cristo, colocando-se também eles a serviço dos irmãos".[6] A caridade se constitui como um elemento singular na experiência cristã e na espiritualidade diaconal. É ela a pedra de toque que confere unidade à missão da Igreja, da qual o diácono é

[5] BENTO XVI. *Sacramentum Caritatis*, n. 77.

[6] COSTA, E. Teologia do diaconato permanente: sacramento do Cristo servidor. Curitiba: Editora Inter saberes, 2023, p. 157.

representante privilegiado: "A caridade é a mais básica das virtudes. Tomás de Aquino chamou-a de "mãe" de todas as virtudes porque todas as outras são concebidas nela [...]. A caridade trabalha nos bastidores [...]. A caridade ajuda-nos todo o dia a integrar as muitas motivações que nutrimos, afetando-nos nos níveis mais profundos da vida [...].[7]

---

[7] KEENAN, J. Virtudes para cristãos comuns. São Paulo: Loyola, 2003, p. 63.

CONSIDERAÇÕES FINAIS

A mentalidade pragmática e imediatista, tão presente no mundo atual, exige conclusões, resultados, definições finais e incontestáveis diante do que foi desenvolvido anteriormente. No campo da teologia e da espiritualidade não se pode falar de conclusões, apenas apontar alguns caminhos, que são essenciais e não podem passar despercebidos ao olhar do leitor. A conclusão é uma decisão particular do leitor. Aos autores cabe apenas elucidar, apontar e tornar claro aquilo que perpassa a totalidade do que foi escrito.

É nessa perspectiva que brevemente queremos colocar diante do diácono uma proposta de reflexão que o ajude a compreender seu ministério ordenado como uma identidade de serviço, de cuidado e de amor aos irmãos. O diácono não é ordenado para si, mas para os outros: "pois o Filho do Homem não veio para ser servido, mas para servir e dar a sua vida em resgate de muitos" (Mc 10,45). Tal como a tradição da Igreja consagrou e os textos litúrgicos demonstram, o serviço caritativo do diácono, explicitado tanto em seu testemunho de vida como em sua participação na vida litúrgica da Igreja, coloca em evidência o serviço ao qual ele é especialmente chamado. O diácono pode ver-se seguramente como um servidor, como aquele que exerce o múnus da caridade para todos os irmãos: “solidariedade é uma palavra fundamentalmente diaconal”. [1]

Assumindo a caridade como elemento constitutivo de sua identidade, o diácono alimenta-se da espiritualidade dos sacramentos, de sua comunhão com a Igreja, da Palavra e de seu olhar atento à realidade dos que mais sofrem e precisam de consolo: “o diácono, com seu carisma de serviço da caridade, escuta o grito que sempre chega à Igreja pelas exigências do pobre, daquele que sofre, do humilde”.[2] Inspirado por Cristo, servo de Deus, o diácono assume os valores evangélicos em todas as dimensões de sua vida, para que possa testemunhar, com perene alegria, a força que nasce de uma adesão incondicional a Jesus Cristo e a seu chamado. É no testemunho dado no serviço humilde, desprendido e gratuito, que o diácono encontra sentido em sua vocação. Na comunidade ou na família, pregando ou ouvindo, cada diácono é chamado a ser aquilo que Cristo foi: servidor da humanidade.

Espera-se que uma espiritualidade profunda lance luz sobre o ministério do diaconato para que ele possa ser exercido com verdadeira dedicação e fidelidade à Igreja. Cada diácono, servidor de Cristo, é chamado a se conformar Àquele que o chamou para fazer-se, ele mesmo, uma presença sacramental de Jesus em todos os âmbitos da vida. O diaconato assume um significado especial na Igreja, pois expressa aquilo que todos os batizados são convidados a ser: conformados a Jesus e servidores do Reino, no contexto da diocesaneidade e da espiritua-

---

[1] PETROLINO, E. O diaconato no pensamento do papa Francisco: uma Igreja pobre para os pobres. Brasília: Edições CNBB, 2020, p. 59.

[2] PETROLINO, E. O diaconato no pensamento do papa Francisco: uma Igreja pobre para os pobres. Brasília: Edições CNBB, 2020, p. 109.

lidade que dela emana.[3] O diácono permanente, na vivência de sua espiritualidade tipicamente diocesana, tem sempre seu olhar devotado para com a diocese em que está incardinado, o respeito e carinho com seu bispo, a fraternidade entre os demais diáconos, bem como com os presbíteros, religiosos e religiosas. Vive sua diaconia em favor dos paroquianos no lugar em que exerce seu ministério diaconal. É um homem de diálogo, participação e comunhão com o plano pastoral de sua diocese e vive plenamente o espírito da sinodalidade, pois é um ministro ordenado, inteiramente sinodal.

---

[3] CARVALHO, H.R., PEREIRA, E., COSTA, E. Diocesaneidade, esponsalidade e incardinação. São Paulo: Paulus, 2020, p. 15-47.

REFERÊNCIAS BIBLIOGRÁFICAS

ALMEIDA, A. J. Por uma Igreja ministerial: os ministérios ordenados e não ordenados no "Concílio da Igreja sobre Igreja". In: Gonçalves, P. S. L., Bombonato, V. I. (org.). Concílio Vaticano II: análise e prospectivas. São Paulo: Paulinas, 2004.

ANÔNIMO. Carta a Diogneto. In: Padres Apologistas. São Paulo: Paulus, 1995.

BENDINELLI, J. C. Diaconia da Palavra: o ministério e a missão do diácono permanente. São Paulo: Paulus, 2023.

BENTO XVI. Carta Encíclica *Deus Caritas Est* sobre o amor cristão. São Paulo: Paulinas, 2021.

BENTO XVI. Exortação Apostólica: *Sacramentum Caritatis*. São Paulo: Loyola, 2007.

BERNARD, C.A. Introdução à teologia espiritual. São Paulo: Loyola, 1999.

BEUNO, F. S. Entre o rigorismo moral e a flexibilidade pneumatológica: a formação sacerdotal segundo Francisco. In: Zacharias, R., Millen, M. I. A moral do papa Francisco: um projeto a partir dos descartados. Aparecida: Santuário, 2020.

BOFF, L. Experimentar Deus: a transparência de todas as coisas. Petrópolis: Vozes, 2012.

BOFF, L. Igreja: Carisma e Poder. Petrópolis: Vozes, 2022.

CARVALHO, H. R. Paróquia missionária: projeto de evangelização e missão paroquial na cidade. São Paulo: Paulus, 2023.

CARVALHO, H. R., ESPONTON, C. H. Espiritualidade do ministro extraordinário da sagrada comunhão. São Paulo: Paulus, 2023.

CARVALHO, H. R., ESPONTON, C. H. Espiritualidade conjugal e familiar. São Paulo: Paulus, 2023.

CARVALHO, H. R., PEREIRA, E., COSTA, E. Diocesaneidade, esponsalidade e incardinação. São Paulo: Paulus, 2020.

CELAM. Documento de Aparecida. São Paulo: Paulus, Paulinas; Brasília: Edições CNBB, 2007.
CNBB. Instrução Geral do Missal Romano e Introdução ao Lecionário. Brasília: Edições CNBB, 2014.
CNBB. Celebração da Palavra de Deus. São Paulo: Paulus, 1995.
CNBB. Diretrizes Gerais da Ação Evangelizadora da Igreja no Brasil 2019-2023, Brasília: Edições CNBB, 2019.
CNBB. A Arte de Celebrar. Guia Pastoral. Brasília: Edições CNBB, Coleção vida e liturgia da Igreja, 2015.
CONGAR, Y. Igreja serva e pobre. Lisboa (PT): Tipografia Leandro Lda, 1964.
COSTA, E. Teologia do diaconato permanente: sacramento do Cristo servidor. Curitiba: Editora Inter saberes, 2023, p. 157.
ESPONTON, C.H. O discurso reacionário dos católicos em relação à Declaração Pastoral *Fiducia Supplicans*. In: Anais do Religiocom: Congresso Internacional de Comunicação e Religiões. Engenheiro Coelho (SP), UNASP, 2024. Disponível em: www.even3.com.br/anais/religiocom2024.
FORTE, B. Teologia da História: Ensaios sobre a revelação, o início e a consumação. São Paulo: Paulus, 1995.
FRANCISCO. Exortação Apostólica *Evangelii Gaudium* sobre o anúncio do Evangelho no mundo atual. São Paulo: Paulus; Loyola, 2013.
FRANCISCO. Exortação Apostólica *Gaudete et Exsultate* sobre o chamado à santidade no mundo atual. São Paulo: Paulus, 2018.
GOEDERT, V. M. O diácono permanente: perspectivas teológico-pastorais. São Paulo: Paulus, 2020.
IRVIN, D; SUNQUIST, S. História do movimento cristão mundial. São Paulo: Paulus, 2004, Vol. 1.

JOÃO PAULO II. Exortação Apostólica *Christifidelis Laici*. São Paulo: Paulinas, 2011.
JOÃO PAULO II. Exortação Apostólica *Familiaris Consortio*. São Paulo: Paulinas, 2021.
JOÃO PAULO II. Exortação Apostólica *Pastoris Dabo Vobis*. São Paulo: Paulinas, 2017.
JOÃO XXIII. Discurso de Inauguração do Concílio Vaticano II. In: Documentos do Concílio Ecumênico Vaticano II. São Paulo: Paulus, 1997.
KEENAN, J. Virtudes para cristãos comuns. São Paulo: Loyola, 2003.
LIBANIO, J. B. Concílio Vaticano II: em busca de uma primeira compreensão. São Paulo: Loyola, 2005.
MAGDERBURGO, M. Apud: McGinn, B. O florescimento da mística: homens e mulheres da nova mística (1200-1350). São Paulo: Paulus, 2018.
MANUCCI, V. Bíblia, Palavra de Deus: Curso de introdução à Sagrada Escritura. São Paulo: Paulus:1985.
METZ, J. B. Mística de olhos abertos. São Paulo: Paulus, 2013.
NOGUEIRA, P. Breve história das Origens do Cristianismo. Aparecida (SP): Editora Santuário, 2020.
ORIOLO, E. Ser diácono. São Paulo: Paulus, 2018.
PAULO VI. Exortação Apostólica *Evangelii Nuntiandi* sobre a evangelização no mundo contemporâneo. São Paulo: Paulinas, 2019.
PETROLINO, E. O diaconato no pensamento do papa Francisco: uma Igreja pobre para os pobres. Brasília: Edições CNBB, 2020.
PONTIFÍCIA COMISSÃO BÍBLICA. A interpretação da Bíblia na Igreja. São Paulo: Paulinas, 2017.
QUEIRUGA, A. Repensar a Revelação. São Paulo: Paulinas, 2010.

RAHNER, K. Curso fundamental da fé. São Paulo: Paulus, 1989.
RIBÓLLA, J. Os sacramentos trocados em miúdo. Aparecida: Editora Santuário, 1990.
ROCHA, L. Ministério Diaconal: história e teologia. São Paulo: Paulus, 2020.
TABORDA, F. A Igreja e seus ministros: uma teologia do ministério ordenado. São Paulo: Paulus, 2011.
TUGGY, A. Léxico Grego-Español del Nuevo Testamento. El Paso (ARG.), 1996.
VATICANO II. Constituição Dogmática *Dei Verbum*. In: Documentos do Concílio Ecumênico Vaticano II. São Paulo: Paulus, 1997.
VATICANO II. Constituição Dogmática *Lumen Gentium*. In: Documentos do Concílio Ecumênico Vaticano II. São Paulo: Paulus, 1997.
VATICANO II. Constituição *Pastoral Gaudium et Spes*. In: Documentos do Concílio Ecumênico Vaticano II. São Paulo: Paulus, 1997.
VATICANO II. Constituição *Sacrosanctum Concilium* sobre a Sagrada Liturgia. São Paulo: Paulus, 1997.
ZACHARIAS, R. Repensando a Moral Sexual: uma leitura da sexualidade à luz dos fundamentos da moralidade proposta por Franscisco. In: Zacharias, R., Millen, M. I.A moral do papa Franscisco: um projeto a partir dos descartados. Aparecida: Santuário, 2020.

Este livro foi composto com as famílias tipográficas Alegreya, Alverata, Segoe UI e Sabon LT Pro e impresso em papel offset 70gr pela **Gráfica Santuário.**